子育てが楽しくなる心理学 Q&A

鈎 治雄
Magari Haruo

第三文明社

はじめに

子育てや家事、仕事の面で、非の打ちどころのない完璧で百点満点のお母さんなど、どこにもいません。お父さんも然《しか》り、教育者も皆、然りです。

子育てには、失敗がつきものです。毎日のように落ち込み、反省や後悔を繰り返しているのが世の親の常です。パソコンなどの機器やさまざまな道具を扱うときですら、私たちの思惑どおりにはいきません。ましてや、子どもと向き合う過程では、親の思いどおりになどいくはずがありません。親として、心底落ち込むこともあれば、不安に駆られ、現実から逃げ出したくなることも、一度や二度ではないでしょう。

野球の世界では、選手が十回バッターボックスに立って、三回ヒットを打つことができれば、それだけで一流選手の証《あかし》であるとされます。残りの七回すべてアウトになったとしてもです。

同じように、子育ても完璧を目指す必要はありません。さまざまな育児書や教育書で指摘されていることの三割程度、親としてやれていたなら、ぜひ自分自身に合格点をあげてほしいと思います。その意味では、本書についても、気負わずに、子育てを楽しむつもりでお読みください。

もとより三割という数字に根拠があるわけではありませんが、それぐらいの心づもりで、子どもたちと向き合っていただければと思います。子育てに行き詰まり、悩み、失敗をしたからといって、お母さんが自身に〝ダメ出し〟をし、自分を卑下《ひげ》しないことが大切です。たとえ思いどおりにいかなかったとしても、〝私はOK（I am OK.）〟と、顔を上げて、自信を持って、子どもと懸命に向き合ってきた自分を肯定的に評価し、及第点をあげてほしいと思います。お母さんが明るく元気で、笑顔でいてくれることが、子どもにとっても家族にとっても、一番の幸せなのですから。

本書は、月刊誌『灯台』に、二〇一五年六月号から一年間にわたって連載した、「親の思い 子の気持ち——信頼関係を育《はぐく》むためのワンポイントアドバイス」に、新たに加筆をしてできあがったものです。どの章や質問内容からでも、自由に読み進めていただけるように工夫をしました。本書ではまた、創価大学の通信教育部に学ぶ、子育て経験豊富なお母さん方をはじめとする、多くの皆さんの生《なま》の声を事例として紹介させていただきました。また通学生が綴《つづ》った作品も取り上げました。お母さんだけでなく、お父さんにも、ぜひ、読んでいただければと思います。

最後になりましたが、月刊誌での連載、並びに本書の刊行に際して、労をお取りくださった第三文明社の皆さんに心からお礼を申し上げたいと思います。

二〇一八年二月二十七日

著　者

装幀・本文デザイン／株式会社藤原デザイン事務所
イラスト／さくらせかい
写真／柴田篤
編集協力／上妻武夫

子育てが楽しくなる心理学 Q&A

目次

第三章　楽観主義で〝母親力〟を高める

第四章　子どもの可能性を信じ抜く

第一章

忙しさに負けない子育て

相談①

ズバリ！ 子育てにおいて大切なことは？

Q

六歳の男の子を持つ母です。ズバリ、子どもを育てていく上で、大切なことは何でしょうか。

A

〝世界一の応援団長〟であるお母さんが、子どもを心から信じてあげることです。

子育ての原点は、子どもを〝信じる心〟にあります

子育てのために与えられた時間には、自《おの》ずと〝かぎり〟があります。親が子どもに十分にかかわれるのはせいぜい十歳くらいまでかもしれません。十歳頃を過ぎると思春期の入り口にさしかかり、子どもは次第に親から自立していきます。ですから、十歳くらいまでの間に子どもにどれだけ愛情を注げたかが重要になってきます。

子育ての経験者は皆、わが子が大人になってから、子育ての期間が、いかにかけがえのない〝尊い宝の時間〟であったかということに気づかされます。子育てを終え、過去を振り返る心のゆとりができたときに、子どもと過ごした時間がどれほど素晴らしいものであったかということを実感するのです。

子育てをしていく上で、大切なポイントが三つあります。

一つは、子どもを「信じること」です。子どもは、誰よりも〝あなたに育ててもらいたい〟と願って、お母さんの下に生まれてきました。ですから、お母さんは、世界で一番、わが子を信じてやまない存在であってほしいと思います。

二つ目は、子どもと「かかわること」です。人は、人とのよきかかわりをとおして初めて、人として成長を遂げることができます。お母さんは、時間のやりくりをして、可能なかぎり、子どもと触れ合ってほしいと思います。

そして、三つ目は、子どもに「学ぶこと」です。子どもが育つためには、親も変わらなければなりません。親が成長し続ける秘訣《ひけつ》——それは、子どもに学ぶことです。ハーバード大学の教授でもあり、医師でもあった**ラウン**（Lown）は、「患者こそ、私の最大の教師である。私を医師に育ててくれたのは患者である」（『治せる医師・治せない医師』）と述べていますが、子どももまた、親にとって最大の教師なのです。

「信じる」「かかわる」「学ぶ」という三つの要素は、人間としての生き方の基本です。あらゆる仕事も、顧客や取引先との信頼関係が基本です。そして、誠意をもって相手とかかわり、接していくこと、さらには、顧客から教わり、学ぶという謙虚さが仕事を成功へと導きます。

この三つの中でも、とりわけ、子育てにおいて大切なことは、「子どもを信じ抜く」という親の姿勢です。**「交流分析」**（transactional analysis）という心理学の考え方では、愛情と信頼に裏打ちされた真の触れ合いのことを、**「親密な交流」**（intimacy）と呼んでいますが、望ましい親子関係は、親が子どもを「信じること」に原点があるといえます。この点がブレてしまうと、子どもとの関係は崩れてしまいます。

しかし、現実には、日々、目の回るような忙しさの中で、「子どもとかかわる」時間を作ることは容易なことではありません。ですから、お母さんもつい自己否定的になったり、周りのお母さんと比べて自分を責めたりしがちですが、お母さんにとって大切なことは、頑張っている自分を**「私はＯＫ」**（I am OK.）であると前向きに、肯定的に評価していくことです。

〝私は、今のままで大丈夫なのだ〟という**「ストローク」**（stroke）、つまり、心の健康を維持していく上で欠かせない「心の栄養」を、ぜひお母さん自身に与えてあげてください。

親の振る舞いを、子どもは見ています

子どもは、親や教師といった大人が〝自分のことを信じてくれているのかどうか〟を、こちらが思っている以上に敏感に感じ取っています。親の言動も、実によく観察しているものです。

教育学に、「顕在的カリキュラム」（manifest curriculum）と「潜在的カリキュラム」（hidden curriculum）という二つの考え方があります。「顕在的カリキュラム」とは、大人が子どもに意図的に伝えよう、教えようとして、あらかじめ準備した教育内容のことです。これに対して、「潜在的カリキュラム」は、**「隠れたカリキュラム」**とも呼ばれ、親（教える側）が意図しているかどうかにかかわらず、親の振る舞いや言葉遣《づか》いを、子どもが自然に学び取っていくことをいいます。子どもは、たとえ、ゲームやスマホをいじりながらでも、親の態度を実によく観察しているものです。

大学の通信教育部で学んでおられる六十代のお母さんが、かつての若い頃のご自身の子育てを振り

返って、次のように話をしてくださったことがあります。

私たち夫婦は、若い頃から自宅兼店舗の生活で、一階が店、二階が住まいでした。ですから、私の子育て時代といえば、お客さんが来ると、授乳をしていても、お客さま優先で、「はーい、いらっしゃいませ」と言いながら、子どもから無理やり、お乳をひっぱりはずし、子どもを寝かせ、階段を駆け下りて接客をしていました。

そんな毎日でしたから、子どもが小学一年のときに描いた母親の絵は、私が、そろばんをはじいている姿でした。ほかのお母さんの絵は、すべて、掃除や洗濯、料理を作っている絵でした。私は、わが子に本当に申し訳ないことをしてしまったと、今でも、悔やまれてなりません――。

こうした事例に見られるように、子どもが親の後ろ姿や振る舞いから、知らず知らずのうちに、多くのことを学び取っていくことが、「潜在的カリキュラム」や

「隠れたカリキュラム」と呼ばれているものです。

お母さんは皆、忙しい毎日を送っています。事実、このお母さんも、わが子と十分なかかわりの時間を持つことができなかったようです。でも、大丈夫です。このお母さんのように、わが子が描いた絵から、お母さん自身の反省も含めて、大切な何かを学び取ることができたら、それで十分です。

お母さん自身の「子どもからの学び」や一生懸命さから、子どもは、〝お母さんは、誰よりも自分のことを心配し、信じてくれている〟ということを、しっかりと理解しています。お母さんが懸命に生き、頑張っている姿は「潜在的カリキュラム」となって、子どもの心に強く焼きついていきます。

ですから、お母さんは子どもに何かを教えようとするよりも、反省すべきところは反省して、子どもの頑張りに心からのエールを送ってあげてください。頭にぎゅっとはちまきを結んで、愛情がいっぱい詰まった応援旗を、空いっぱいに大きく広げて、エールを送ってあげてください。お母さんは、子どもにとって、世界で一番のかけがえのない〝応援団長〟なのですから。

相談②

いつも〝笑顔〟の母親でいたいのですが――

Q

最近、子どもから「ママ、笑って！」と言われて、ハッとしました。日常生活に疲れて、いつの間にか子どもの前で笑顔を見せることが少なくなっていたようです。

A

誰だって笑顔を忘れるときがあります。〝ハッと気づけること〟がすごいことなのです。

笑顔は、人間だけに与えられた〝とっておきの宝物〟

人間には喜怒哀楽というごく自然な感情があります。こうした感情は、表情として顔に表れます。そして子どもは、この大人の表情にとても敏感です。

さまざまな表情の中でも、とりわけ〝笑顔〟は、ほかの動物にはない、人間だけが持つ特別な表情です。人間だけに許された、かけがえのない、とっておきの〝宝物〟です。

〝笑顔〟とよく似た人間の表情に〝笑い〟がありますが、〝笑い〟は、何か面白いものに接したときなどに出てくる受動的な感情表現で、一人でいるときでも表れるものです。一方で、〝笑顔〟は、他者という存在を意識することで、初めて表れる感情表現であるといえます。ですから〝笑い〟に比べると、能動的で主体的なコミュニケーション手段だといえます。笑顔は、人間関係をうるおいのあるものにしていく上で、欠くことのできないコミュニケーション・ツールです。

笑顔は、人間にだけ与えられた大切な〝特権〟であり、人間らしさを最も象徴しています。子どもの教育においては、この人間だけに与えられた特権を、親も教師もフルに活用していくことです。人生において、〝笑顔〟という効力のある武器を使わないと、大きな損をします。使わなければ〝宝の持ち腐《ぐさ》れ〟です。

〝笑顔〟という最大の武器をフルに活用して、周りの人々に、幸福感や生きる喜びを与えていくことが、ひいては、私たちの心にも強い充実感や満足感を与えてくれます。

子どもの心に、生涯、刻まれる笑顔を!

親が子どもに何かを伝える方法には、言語的なものと非言語的なものがあります。非言語的な方法で伝わるもののほうが、言語的な方法で伝えるよりも、相手の心にいつまでも残るとされています。

心理学では、半永久的に、いつまでも私たちの心に残り続ける記憶のことを、**「長期記憶」**(long term memory)と呼んでいます。

長期記憶には、三つの種類があります。一つは、〝1+1=2〟〝日本の首都は東京〟といった基本的な知識に関するもので、**「意味記憶」**(semantic memory)と呼ばれます。

二つ目は、楽器が弾ける、平泳ぎができるなど、技能や技術に関する、いわば、体で覚える**「手続き記憶」**(procedural memory)です。そして、もう一つが、〝小学四年のときに、先生からこっぴどく叱《しか》られた〝クラス対抗リレーで一番になった〟など、個人的な体験としての「エピソード記憶」(episodic memory)です。

お父さんやお母さんに知っておいてもらいたいこと——それは、とりわけ、お父さんやお母さんの笑顔は、いつまでも忘れることのない映像として、あたかも映画の名シーンのように、子どもの心に、長く強く刻まれていくということです。

私も亡き親を思い出すときは、真っ先に親の笑顔が頭に浮かびます。大好きだった人の笑顔は、心の中に、永遠に輝き続けていくものです。

大学の通信教育学部に学ぶ二十代の女性が、次のような家庭でのエピソードを語ってくれたことがあります。

私の手元には、幼い頃に描いた一枚の絵があります。お母さんが大切にとってくれていた一枚です。絵の題名は「お父さん」——。画用紙の真ん中には、父の顔が描かれています。父は笑顔です。その周りには、色とりどりの花が描かれています。

私が幼い頃、父は仕事が忙しく、顔を合わせる機会はほとんどありませんでした。とても厳しく、ちょっとしたことでもよく叱られました。そんな私が、なぜ、満面の笑みを浮かべた父を、絵に描いたのか。おそらく、ある日、見せてくれた数少ない父の笑顔が、とても強く印象に残り、それが嬉《うれ》しくて、周りにもたくさんの花を描いたのだと思います。

こうした事例は、お母さんだけでなく、厳しさの中にも垣間《かいま》見えたお父さんの笑顔が、かけがえのないエピソード記憶となって、強く子どもたちの心に焼きついていくことを、私たちに教えてくれています。

とはいえ、日々、いつも笑顔でいるということは大変なことです。お母さんだって、つらいことや泣きたくなることもあるでしょう。育児を投げ出してしまいたくなることだってあるに違いありません。そんなときは、イライラ感やつらい気持ちがおさまってからで結構です。少し時間をおいて、自分を取り戻せたら、今頑張っている自分を、「私はＯＫ」（I am OK.）であると自身を前向きに評価して、お子さんのために、愛情あふれる素敵な笑顔を見せてあげてほしいと思います。

〝上機嫌〟の効用

笑顔でいるということは、〝機嫌がいい〟ということでもあります。フランスの哲学者アラン（Alain）は、『幸福論』の中で、〝上機嫌という治療法〟が、幸福を勝ち取るために欠かせないと述べています。つまり、機嫌のいい立ち居振る舞いを心がけることが、悩みや苦しみを乗り越え、幸せを呼び込む秘訣《ひけつ》であることを私たちに教えてくれています。

ほかの大人とは違って、お母さんの笑顔には、子どもの意欲と生きる力を引き出す特別な力があります。お母さんの笑顔は、子どもの心から不安を取り

除き、元気と生きる喜びを与える魔法の力を持っています。

ぜひそのことを忘れずに、子どもへの最高のプレゼントである〝笑顔〟を、人一倍、振る舞ってあげてほしいと思います。

相談③

どうしても、子育てに自信が持てません

Q

私は、仕事をしていたため、子どもが小さい頃から、子どもと過ごす時間が十分に確保できませんでした。今になって、そのことを後悔しています。子どもには、自分なりに愛情を注いできたつもりではいるのですが……。

A

大丈夫です！ どのお母さんも皆、自信がない中、子育てをしてきました。

子育てに、「値引き」は禁物です

お母さんの中には、多忙な日々の中で、十分、子どもにかまってやれなかった、もっと子どもの世話をしてあげればよかったという、後悔の念を抱いている方もお

られることでしょう。経済的な理由で子どもにつらい思いをさせている、仕事をしていて子どもに寂しい思いをさせているというように、自分を責めてしまうこともあるかもしれません。しかし、お母さんが、わが家とほかの家庭を比べたり、子育ての目標を高くし過ぎるあまり、今までの自身の子育てのあり方を否定的に見てしまうことは、お母さんにとっても、子どもにとっても、決して望ましいことではありません。

交流分析理論では、このように、お母さん自身が、これまで一生懸命、頑張ってこられたことを正しく評価せず、自分を責めて、過小評価することを「値引き」（discount）と呼んでいます。自分が努力してきたこと、頑張ってきたことを正当に評価せず、自分のおこないを否定的に見つめ、自身に低い評価を与えてしまうことです。「仕事に追われ、子どもに、十分かまってやれなかった」と思い込んでしまい、これまでの努力を割り引いて見てしまうことです。子育てにかぎらず、何事に対しても、真面目《まじめ》で一生懸命なお母さんほど、ついつい、自身を「値引き」してしまいがちです。

また、自分や他人に対する見方を**「基本的構え」**（basic positions）といいます。これには、①「私もあなたもＯＫ」（I am OK. You are OK.）、②「私はＯＫではないが、あなたはＯＫ」（I am not OK. You are OK.）、③「私はＯＫだが、あなたはＯＫではない」（I am OK. You are not OK.）、④「私もあなたもＯＫではない」（I am not OK. You are not OK.）の四つのタイプがあります。

この四つの中で最も心配される構えは、④の「自己否定&他者否定」の構えです。この構えに支配されると、自他の悪い面ばかりが目に飛び込んできて自暴自棄になり、何もかもが嫌になってしまいます。反対に、最も望ましい人間関係の構えは、①の「自己肯定&他者肯定」の構えです。自他共に肯定的に見ることができ、最も安定感があります。

毎日の生活の中で、私たちの心は、常に、この四つの構えのどこかを移動しています。こうした心の揺《ゆ》れや変化は、あたかも、牧場にいる牛や馬が、牧場の中をあちこち行き来している様子に似ているので、**「ＯＫ牧場」**（OK corral）と呼ばれています。お母さんは、「ＯＫ牧場」という日々の生活の中で、できるかぎり、「私も、子どももＯＫ」という時間を増やせるように、努力をしていく必要があります。

まずは、「私はＯＫである」と、前向きに評価を！

こうした「基本的構え」や「ＯＫ牧場」という考え方が教えてくれていることは、何よりもまず、お母さん自身がこれまでの子育てに〝ダメ出し〟をせず、「私はＯＫ」という考え方をしっかりとたずさえていくということです。

かつて、あるお母さんが、次のような思いを語ってくれました。

生まれたときから、子どもが入退院を繰り返していたため、子どもが五歳頃までは、母子で生きていくだけで精いっぱいでした。ですから、わが子をほめたり、叱《しか》ったり、一緒に喜んだりした記憶がほとんどありません。周りのお母さん方と比べて、自分を低く見積もり卑下《ひげ》する毎日でした。「私は何もできていない。子どもの何の役にも立っていない」と、あたかも呪文《じゅもん》を唱えるかのように自分を責めていました。

しかし、そんな私をねぎらい、励ましてくれる夫に支えられ、誰よりも頑張っているのは子ども自身であることに気づかされ、少しずつではありますが、前向きな生き方ができるようになり、気持ちも楽になりました。

こうしたお母さんの言葉から、現実の厳しさと向き合い、格闘する日々が、いかにお母さん自身の重荷となっているかということが伝わってきます。しかし、その一方で、家族の支えやわが子の頑張りに接して、「私もあなたもOK」という人生の構えを身につけていく中で、次第に、お母さん自身が前向きな生き方ができるようになることを、私たちに教えてくれています。

お母さん方は、ぜひ「I am OK.」であると、まず、自らの頑張りに合格点をつけてください。そして、「私もあなた（子どもや夫）もOKである」との構えを身につけられるようにしてほしいと思います。

子育てという営みは、容易なことではありませんが、多忙な毎日の中で、お母さんが精いっぱい子どもと向き合い、寄り添って、愛情を注いでおられること自体が、本当にすごいことなのです。

決して〝百点満点の母親〟を目指す必要はありません。自分では〝三十点の出来だな〟と思ったとしても、精いっぱい、わが子と向き合っている自分に、「I am OK.」で〝合格点〟をあげてください。ぜひ、〝ハナマル印〟をつけてあげてください。〝他人の目という物差し〟ではなく、自分だけの〝かけがえのない物差し〟で、自分を正しく評価してあげてください。

植物が育つために十分な栄養が必要であるように、お母さん自身にも十分な「心の栄養」が必要です。「I am OK.」の肯定的評価が、まさにその心の栄養分であり、お母さん自身への「**ストローク**」となります。自身を前向きにとらえて、〝お母さん自身〟

に、たっぷりと栄養を与えていくことは、子どもの心の安定をはかる上でも、とても重要であることを忘れないでいただきたいと思います。

「ああ、きょうは一日、大変だった」と言うよりは、「ああ、きょうは、一日、よく頑張った」と大きな声で、自分を称《たた》えてください。「ああ、忙しかった」と言うよりは「ああ、本当に充実していた」と、ぜひ自らに肯定的なストロークを与えてあげてほしいと思います。

相談④

〝絵本の読み聞かせ〟って、本当に必要？

Q

毎日が忙しく、子どもに絵本の読み聞かせをする時間がなかなかとれません。ついつい、テレビやスマホで、アニメを見せることが多くなってしまいます。やはり、絵本の読み聞かせは必要なのでしょうか。

A

読み聞かせは、親だけに与えられた〝特権〟であり、〝愛情の証〟です。

愛情を伝え、〝聞く力〟を育む、本の読み聞かせ

最近は、子どもの〝聞く力〟が低下しているといわれます。小学校などでは、そのことが、「小一プロブレム」や「学級崩壊」の原因の一つとも考えられているようです。

家庭では、子どもの「聞く力」を育《はぐく》む上で、絵本の読み聞かせがとても重要な役割を担っています。ラジオから流れる美しい朗読に、思わず聞き入ってしまうように、お母さんの心のこもった読み聞かせは、子どもの心を豊かにします。子どもは、読み聞かせをとおして、お母さんの愛情を体いっぱいに感じながら、〝人の話に耳を傾ける〟という人間関係の基本を学んでいきます。

読み聞かせをとおして、子どもは絵本や本のストーリーの虜《とりこ》になり、登場人物に自分を重ね合わせることで、感性や想像力を育んでいきます。日々、家事や育児に追われるお母さんにとっては、読み聞かせは、ときに大きな負担となるかもしれません。しかし、子どもに絵本の読み聞かせができる時期というのは、人生の中でも、ごくかぎられた時間です。このかぎられた時間こそが、心と心が触れ合う親子の交流の場であり、親としての幸せを心から実感できる、かけがえのないひとときなのです。

読み聞かせは、決して上手でなくてもかまいません。お母さんは、女子アナではありませんから、うまく読もうとする必要はありません。お母さんなりの〝愛情たっぷりの温《ぬく》もりのある声〟で、読み聞かせをしてあげてください。

小学生になる子どもを持つ若いお母さんが、絵本の「読み聞かせ」をすることの素晴らしさを語っていたことが忘れられません。


私自身、小さい頃から親に読み聞かせをしてもらったこともあって、子どもが小さい頃から、読み聞かせをしてきました。幼子を膝《ひざ》の上に乗せ、絵本を読んであげると、わが子の背中と私の胸がくっついて一体となり、それはもう〝本当に幸せな時間だ〟と思えるひとときです。

読み聞かせは、決して得意ではありませんが、子どもは、真剣に聞き入ってくれました。絵本の中の〝絵の力〟は、本当にすごいものがあると思います。淡々とした読み聞かせであっても、子どもは、物語の世界に、ぐんぐん入り込んでいきます。想像力をいっぱいふくらませて、心をわくわくさせながら、物語の世界を楽しんでいます。そうした時間をわが子と共に過ごせることは、まさに母親冥《みょう》

利《り》に尽きると思います。

こうしたお母さんの体験は、読み聞かせが、子どもの成長だけでなく、親の成長にとっても、とても大きな意味があることを教えてくれています。お母さんだけでなく、お父さんもぜひ、〝読み聞かせ〟に挑戦してほしいと思います。親としての喜びを味わえるかぎられた時間を、ぜひ、大切にしてください。

子どもの話にも、しっかりと耳を傾けてあげましょう

子どもの「聞く力」を育む上で、もう一つ大切なことは、お母さん自らが、子どもの話をよく聞いてあげることです。

臨床心理学の世界に、**「アクティブ・リスニング」**（active listening）という言葉があります。**「積極的傾聴」**という意味ですが、この言葉が示唆《しさ》しているように、相手の話に聞き入るということは、決して受け身の行為ではありません。むしろ、聴き手の側がエネルギーを使って話に耳を傾けるという、能動的な営みなのです。

傾聴の〝聴〟という字は、耳へんに〝十四の心〟と書くことから、〝たくさんの心や全神経を集中して、相手の話に聴き入ることが傾聴〟ともいわれます。それだけ子どもの話に真剣に耳を傾けるということは、お母さんにとってもエネルギーが要《い》ります。

〝聴〟という字には、本来、〝あきらかにする〟という意味があります。つまり、傾聴とは、相手が言いたいこと、聞き手に伝えたいことを、正しく汲《く》み取っていく作業にほかなりません。その意味では、カウンセリングに象徴される〝傾聴〟の時間は、聞き手にとって、まさに、真剣勝負の時間であるといっていいでしょう。

忙しいお母さんのことですから、つい家事の片手間に、子どもの話に耳を傾けてしまいがちです。もちろん、それはやむを得ないことですが、ときには、子どもの話に真剣に耳を傾けてあげてください。それは、何よりも子どもへの大きな励ましとなります。

子どもは、「親や先生が、きちんと自分の話を聞いてくれた」という経験を積み重ねることで、自らの「聞く力」を確実に育んでいきます。逆に、話を聞いてもらった経験に乏しい場合、「聞く力」は育ちにくくなります。

前述したように、小学校に入学したばかりの新入生の大きな生活課題の一つに、「小一プロブレム」があります。入学間もない子が、授業中にじっと座っていられず、先生の話を静かに聞くことができず、勉強や学校生活に適応できない状態のことをいいます。

「小一プロブレム」が起きる原因として、小さい頃からの読み聞かせの経験が乏しく、話を聞いてもらった経験も少ないことが指摘されています。幼い頃からの家庭でのしつけや親のかかわりは、その後の学校生活にも大きな影響を及ぼします。

ですから、お母さんやお父さんは、忙しい日々の

中にあっても、わが子のほうから語りかけてきたときは、それがどんなにささいなことであったとしても、しっかりと耳を傾けてあげて、相槌《あいづち》を打ってあげてください。また、就寝前のほんのわずかな時間でも結構ですので、読み聞かせの時間を作って、親子共々、物語の世界に浸《ひた》れる触れ合いの時間を味わってもらいたいと思います。

私自身も、私のところに相談や質問にやってきた学生に対しては、可能なかぎり時間を作って、耳を傾けるようにしています。訪れる学生にとってみれば、教師が、日々、時間に追われていることなど、知る由《よし》もありません。自分のために真剣に向き合ってくれているかどうかということだけが、訪ねてくる学生にとっての唯一の関心事なのです。

お母さんの立場も同じだと思います。子どもにしてみれば、どんなにお母さんが忙しかろうが、そんなことはどうでもいいのです。ただ、絵本の読み聞かせをしてもらいたい、話を聞いてもらいたいのです。そうした子どもの気持ちを汲み取り、多忙な日々の中にあっても、子どもの立場で、子どもの思いや願いに、ぜひ耳を傾けてあげてほしいと思います。人が育つ大切な条件の一つは、親や教師が、取るに足らないと思えることであったとしても、決して手を抜かないことだと思います。

相談⑤　親子のコミュニケーション不足を解消したい

Q

あわただしい毎日の中で、家族のコミュニケーションがなかなかとれません。子どもと一緒に食事をとれないことがあります。これではいけないとは思いつつ、何もできていないことで自己嫌悪になってしまいます。

A

ほんの少しの努力と心がけ次第で、子どもの心を〝鷲《わし》掴《づか》み〟できます。

わずかな時間でも、心からの愛情を注いであげてください

第一章の冒頭で申し上げたとおり、家庭教育における重要な親の役割は、〝子どもを信じる〟〝子どもとかかわる〟〝子どもに学ぶ〟の三つです。このうち、〝子ども

とかかわる〟という点では、家庭における親子のコミュニケーションはとても重要なテーマです。

コミュニケーションとは、①お互いが時間と空間を共にする、②互いの心と心を通わせることをいいます。子どもと接する時間がとれず、共に過ごせるのは幼稚園や保育園の送り迎えのわずかな時間くらい……。そういうお母さんもいらっしゃることでしょう。それでも、子どもと一緒に過ごすことのできる時間はかけがえのないものです。わずかな時間でも、母子が手をつないで歩き、あるいは自転車に乗せて送迎する時間を大切にしながら、心豊かなコミュニケーションのひとときにしてほしいと思います。

コミュニケーションには、〝非言語的なもの〟と〝言語的なもの〟があります。それぞれ、**「非言語的コミュニケーション」**（non-verbal communication）、**「言語的コミュニケーション」**（verbal communication）と呼ばれています。

親子の会話に象徴されるように、言葉をとおして交流をはかることも、もちろん大切ですが、とりわけ、幼い子どもには、「撫《な》でる」「さする」「頬《ほお》ずりをする」「抱きしめる」など、スキンシップをとおした非言語的なかかわりを持つことが、子どもが健全な発達を遂げていく上でとても重要です。

また、子どもとコミュニケーションをとる上で、子どもにとっての「大切な日」を決しておろそかにしないことがポイントです。子どもの誕生日や授業参観、運動会など、親が前もってしっかりと把握《はあく》し、忙しいスケジュールを何とかこじあけて、最優先にしてあげることは、「誰よりも、あなたが大切なのよ」というメッセージを子どもに発信していることになるからです。

ほんの少しの工夫で、親子の距離は、ぐんと縮まります。忙しい一日の中でも、「必ずこれだけはしてあげよう」ということを決めて実行しましょう。小さな心遣《づか》いでいいのです。たとえば、朝、子どもを学校に送り出すときには、どんなに疲れていても、「マサオ、いってらっしゃーい」と笑顔と元気な声で送り出してあげてください。また、やむを得ず、家を留守にするときは、一行でも二行でも結構ですから、心を込めた置き手紙を残しておくのもいいでしょう。子どもが留守番をしてくれたときには、真っ先に駆け寄って、「留守番をしてくれて、本当にありがとう」

と心からの感謝の言葉とともに、頬ずりをする、抱きかかえるといったスキンシップをしてあげてください。寂しい思いをさせたときは、ご褒美《ほうび》に一緒にお風呂に入ったり、添い寝をしながら絵本の読み聞かせをしてあげるのもいいでしょう。多忙な日々の中でも、心がけ一つで、親子の心と心は、しっかりとつながっていくものです。

最近の若いお父さんの姿を見ていて思うことは、「イクメン」を、気負わず、実に自然な形で実践していることです。子育て上手なある三十代のお父さんが、次のような話をしてくれました。

仕事が休みの日に、朝から地域の活動に参加するときなどは、できるかぎり、小学生の息子を一緒に連れていきます。本や宿題を入れた外出用のバッグを持たせて出かけます。地域活動が終わると、わずかな時間ですが公園で遊んでやります。日曜日など、家にいてもただずっと寝ころんでいたりするだけで、かえって一緒に遊んでやれなかったりすることを考えると、はるかに効率的な時間を過ごせています。
子ども連れで参加すると、必ず地域の人が気を使って、笑顔で話しかけてくれるので、子どもにとってもコミュニケーション力を高めるいい機会になっています。何より、そのあいだに妻が家事などをすることができ、わずかでも、妻の自由になる時間が持てると思うと、夫として少しは子育てに貢献できているように思います。

こうしたお父さんのちょっとした努力や工夫で、親子のコミュニケーションを豊かなものにし、ひいては夫婦関係も円満にしていくことができます。ぜひ、お母さんは、お父さんをうまく使いこなして、「私もＯＫ」「あなたもＯＫ」という夫婦関係を築いていってほしいと思います。

コミュニケーションを円滑にする〝笑顔〟と〝挨拶〟

家族間のコミュニケーション力を高めるために大切なことをもう二つ、あげておきましょう。それは、〝笑顔〟と〝挨拶《あいさつ》〟です。

〝笑顔〟は英語で「smile」です。複数形では「smiles」となりますが、初めの〝s〟と終わりの〝s〟との間には、およそ一・六キロメートルの距離を表すmile（マイル）の言葉が含まれているため、「世界で一番長い言葉」だといわれています。しかし一方で、笑顔は、瞬時にその人の優しさや温かさが相手に伝わることから、〝世界で一番短い言葉〟であるともいわれています。親子関係であれ、夫婦関係であれ、忙しいときやへこんでいるときこそ、心の距離を一気に縮める、お母さんの百点満点の〝笑顔〟で、周りにうるおいを与えてあげてください。

笑顔は〝機嫌がいいこと〟を相手に伝えるシグナルでもあります。つらいことがあったとしても、少し休んで、落ち着いて冷静な自分を取り戻してからで結構です。機嫌よく振る舞うことで、家族のコミュニケーションは、うるおい豊かなものになります。何よりも子どもたちにとって、親の笑顔は、心の安全地帯となって安心感をもたらします。

そしてもう一つ、コミュニケーションを深めていく上で大切なことが〝挨拶〟です。家族や親子、あるいは友人関係やご近所付き合いにおいても、コミュニケーションの第一歩は〝挨拶〟から始まります。

〝挨拶〟の〝挨〟の字には、〝押し開く〟〝近づく〟という意味があります。また〝拶〟の字には、〝せまる〟という意味があります。つまり〝挨拶〟は、自ら進んでおこなう能動的、主体的なコミュニケーションであるということです。もし家族でけんかをしたとしても、翌日には、笑顔で「おはよう」と声をかければ、それが潤《じゅん》滑油《かつゆ》となって家族のつながりが取り戻せます。〝挨拶〟は、まさに先手必勝のコミュニケーション術であるといえるでしょう。

仕事柄、いろいろな学校にお邪魔をする機会がありますが、〝挨拶運動〟に力を入れている学校では、私のような訪問客と廊下ですれ違っても、誰もが進んで挨拶をしてくれ、子どもたちの顔も生き生きとしていて活気があります。子どもたちの心が荒《すさ》んでいて、子どもの生活指導に困っている場合には、スクール・マネジメントの観点からも、まず先生方が、早朝から校門の前に立って、生徒を出迎えてあげてほしいと思います。そして、登校してくる生徒に対して、笑顔で「〇〇さん、おはようございます」と、ぜひ温かな声をかけてあげてください。学校は、必ず、そこから変わり始めます。

交流分析の「**時間の構造化**」（time structuring）という考え方によれば、「挨拶」は、最低限の交流やコミュニケーションを作っていくための「**儀式**」（rituals）であり、第一歩であるとされます。親や教師が進んで「挨拶」を交わすことで、閉ざされた子どもの心の扉も、必ず開かれていくものです。

老年心理学の分野でも、挨拶は長寿の秘訣《ひけつ》といわれます。相手の心の扉を開くだけでなく、自分自身の心も元気にしてくれるのです。お金を使って〝モノ〟だけを買い与え、子どもの機嫌をとろうとするより、親のほうから進んで挨拶の声を子どもたちに届けることで、家庭内のコミュニケーションも深まり、皆の心も軽やかになれば、これほど素晴らしいことはありません。

第二章

家族みんなで子育て支援

相談⑥

祖父母との〝折り合い〟がむずかしいです

Q

子どもは、私の話はあまり聞き入れませんが、祖父母の言うことはよく聞きます。おかげで助かっている面もあるのですが、祖父母の姿を見ていると、「孫に甘過ぎるのでは」とも思ってしまいます……。

A

孫に甘いのが祖父母というものです。甘え上手でうまく援助を仰ぎましょう。

祖父母とよく話し合い、納得のいく子育てを

近年、「親世帯（祖父母世帯）」との「居住距離」が近くなっている「子ども世帯（若い親世帯）」が増えているといわれます。

野村総合研究所が、結婚後の自分たちの世帯と親世帯との居住距離について調べたところ、都市の規模によって若干の違いはあるものの、「同居」と「近居・隣居」（歩いて行ける距離〜片道一時間以内）を合わせた割合が、約十年間で増加しており、二〇〇六年には全体の三分の二程度に及んでいることが指摘されています（「生活者一万人アンケート」一九九七年、二〇〇六年）。こうした調査結果からも、祖父母が孫と接する機会が、必然的に増えつつあるといえそうです。

祖父母の助けを借りて、子育てをおこなうためには、まず何よりも、若いお父さんやお母さんが祖父母のことを尊敬し、信頼していることが大前提です。その上で、日頃から、おじいちゃんやおばあちゃんのことを称《たた》える姿を子どもに示して、祖父母の素晴らしいところを子どもに語っていけば、祖父母と親、子どもの「三世代の信頼関係」が育《はぐく》まれるよい環境が整います。

祖父母と孫の関係においては、ときには、〝おじいちゃん、おばあちゃんは孫を甘やかし過ぎるのでは？〞と感じることもあるでしょう。それはきっと、祖父母が孫に対して、普段、親が描いているしつけのイメージとは違った接し方をすることから、お父さんやお母さんは、そのように感じるのだと思います。しかし、日頃の家庭でのルールを、祖父母が十分、理解していないことは、ある程度仕方のないことかもしれません。

また、孫を甘やかし過ぎるように見える振る舞いも、見方によっては、祖父母が誰よりも孫を愛《いと》おしく思い、最強のサポーターであろうとする気持ちの表れでもあるといえます。

お父さんやお母さんは、普段、親としての立場上、どうしてもわが子に対して、ついつい感情的になり、厳しく接しがちです。そうした意味では、祖父母が孫に優しく接することで、それがいい意味でのクッションとなって、子育てのバランスがうまくとれているともいえます。

シングルマザーとして、小学生の子どもの子育てに奮闘しているお母さんが、次のように語っておられたことが印象的でした。

私は、息子が小学一年生のときに離婚をしました。父親がいなくなったことで、子どもが悪いほうに向かっていきはしないかと不安でした。そんなとき、祖父母による支援は、本当に心強いものでした。仕事で私の帰りが遅くなるときなど、私の母は、孫の面倒を見てくれ、私たち親子を支えてくれました。もちろん、祖父母なりに、お小遣《づか》いをあげるなど、孫を甘やかすこともありましたが、懸命に私たちを支えてくれ、感謝の思いでいっぱいです。

息子は現在、小学四年生になります。子どもにもつらい思いをさせましたが、祖父母が助けてくれたおかげで、母子関係は、以前より格段によくなりました。

これは、母子にふりかかった困難を、祖父母の力をうまく借りながら乗り越え、親子の絆《きずな》がより一層深まっていったケースです。祖父母のありがたさは、親子が困難に直面して初めてわかるのかもしれません。

子育ての方針を共有し、〝甘え上手〟なかかわりを

せっかく祖父母が孫の面倒を見てくれていたのに、子育てのルールをめぐって、口げんかをしてしまったら、夫婦の関係にも溝ができ、子育てにも影響を及ぼしかねません。ですから、どうしても祖父母が孫を甘やかすことが気になるのであれば、事前に、祖父母とよく話し合い、〝わが家の子育ての方針〟を伝え、理解をしてもらっておくことをおすすめします。

たとえば、すぐにモノを買い与える、お小遣いをあげる、ゲームを際限なくさせるというような「してほしくないこと」と、「してほしいこと」を、あらかじめ祖父母としっかり共有しておきましょう。

おじいちゃんやおばあちゃんは、パパやママの引き立て役に徹してほしいと思います。子育てをドラマにたとえるならば、主役は子育て真っ最中のパパやママです。主役の魅力を最大限に引き出すのが、ベテラン俳優である祖父母の役割です。おじ

いちゃんやおばあちゃんは、ベテラン俳優のように、味わい深い名脇役を演じながら、パパやママのよさを最大限に引き出し、温かな家族の雰囲気作りに一役買って出てほしいと思います。

心理学では、私たちが問題を抱えて困っているときに、専門家や友人、家族など、周囲の人たちの助けを求めることを、**「被援助的志向性」**(help-seeking preference)と呼んでいます。やさしい言葉でいえば、〝甘え上手〟〝助けられ上手〟ということになるでしょうか。先ほどのお母さんのケースのように、困ったときに祖父母の力を借りて、必要な援助をうまく求めていくことをいいます。

忙しいときは、自分一人で何もかもやろうとせず、周りの人にうまく甘えて、助け舟を出してもらって、目の前に立ちふさがる困難をうまく乗り切ることです。私たちは、自身のプライドが邪魔をしてしまって、周りに支援を仰ぐことを拒んだ結果、さらにストレスや不安、イライラ感を溜《た》め込んでしまうことがあります。

真面目《まじめ》で一生懸命なお母さんほど、子育てや家事のすべてを自分でやろうとしがちです。そんなときは、たとえば義母に「お母さん、申し訳ありませんが、きょう、タカシの迎えと晩ご飯をお願いできませんか」「いつもお願いばかりで恐縮ですが、今度の日曜日、サヤカを預かってもらえますか」と、甘え上手に頼み込んでいくことです。

「ワンダウンポジション」（one down position）といって、相手より一段下がって、低姿勢で丁寧にお願いをすることで、相手は頼みごとを受け入れやすくなります。「しょうがないわねえ」といいながらも、内心は喜んで引き受けてくれるものです。

孫にとって、祖父母は、人間的な成長をうながしてくれる、かけがえのない存在です。持続可能な息の長い「三世代の信頼関係」をしっかりと作っていく上でも、お父さんやお母さんは、祖父母にうまく頼みごとをし、子育てを手伝ってもらえるスキルを、ぜひ身につけてもらいたいと思います。

相談⑦ もっと夫に子育ての協力をしてもらいたい

Q

夫は、仕事が多忙で帰宅時間が遅く、子どもと接する時間もとれていません。育児も家事も、夫婦で協力してやりたいのですが、なかなかできないのでイライラしてしまいます。

A

ご主人が協力をしてくれたとき、目いっぱい、嬉しさと喜びを表現してください。

お父さんが子育てに挑戦できるように、ぜひ、ひと工夫をお願いします

かつて、日本、韓国、イギリスの三カ国の成人、約千四百人を対象にして、〝家庭教育の担い手〟に関する国際比較調査をおこなったことがあります（「日本・韓国・イギリスの成人にみる性役割意識」二〇〇三年)。

この調査では、たとえば、「子どもが良いことをしたときにほめる」のは、お父さんなのか、お母さんなのか、それとも両方でほめるのかを聞いてみました。その結果、ほめるのは、「父親と母親、両方でほめる」とする割合は、イギリスが七八%、韓国で五七%だったのに対して、日本は四二%にとどまりました。これに対して、「母親がほめる」とする割合は、イギリスが一九%、韓国が三三%であったのに対して、日本では、五一%という高い数値が得られました。

また、「子どもが悪いことをしたときに叱《しか》る」のは、「父親と母親、両方で叱る」とする割合は、イギリスで六一%、韓国で三六%であったのに対して、日本では、わずかに二七%にとどまりました。これに対して、「母親が叱る」と回答した割合は、イギリスの一四%、韓国の三七%に対して、日本では、四七%にも達しました。

同様に、「子どもの成績が上がったときに父親と母親で一緒に喜ぶ」とする割合は、イギリスで八八%というきわめて高い結果が得られたのに対して、韓国は六一%、日本では、四四%でした。

さらに、「子どもの話を聞く」のも、「父母両方で聞く」とする割合は、イギリスで六九％だったのに対して、日本では一七％にとどまりました。こうした結果から、日本では、子どものしつけは、主として母親が担い、父母が協力しておこなう割合はきわめて低く、お父さんのかかわりが、きわめて乏しい傾向にあることがわかります。

子どもに問題が起きたら、親が変われる〝チャンス〟です

心理学に、「相互性」（mutuality）という言葉があります。集団の中で、互いに関係し合うことや、寄り添って生きることの大切さを強調した言葉です。「相互性」には、大きく二つの意味があります。

一つは、「互いに助け合う力」です。最近では、お父さんが率先して育児や家事に取り組む〝イクメン（育メン）〟や、〝カジメン（家事メン）〟の存在に注目が集まっています。共働きの夫婦の場合、「子どもを保育園に連れていくのはお父さん、お迎えはお母さん」「朝食の準備はお父さん、夕食はお母さん」というように、互

いに協力し、助け合って生きることです。「お母さんが体調を崩したときは、お父さんが早く帰宅して、夕食の準備をする」といった気遣《づか》いも、「相互性」にほかなりません。

「相互性」には、もう一つ、「お互いが変化する」「お互いが成長する」という前向きな意味合いがあります。「子どもが生まれたことで、何事も、夫婦で協力し合うようになった」「子どもが不登校になってから夫婦で話し合う機会が増えた」「子どもが病気をしたことで、お父さんの心が家族に向くようになり、家庭に笑顔が増えた」というように、子どもという存在を介して、夫婦が互いによりよい方向に変わっていくことです。

この互いに助け合い、成長し合う「相互性」こそ

が、夫婦や家族の健全さを示すバロメーターなのです。「相互性」は、家族にかぎらず、企業や学校、町会など、あらゆる集団や組織の健康度を表す指標でもあります。

次に紹介するのは、夫婦で美容室を経営しながら、大学の通信教育で学んでおられる、お母さんの体験です。

わが家は、結婚当初から、夫婦二人で美容室を経営しています。二人の子どもが小学生だった頃、夕飯どきには、お腹《なか》をすかせているため、店が終わるのを待ちきれずに、ご飯に卵をかけて食べ、私たちが仕事を終える頃には寝てしまっていました。

子どもに申し訳なく思った私は、せめて朝ご飯だけでも、子どもが喜ぶものを作ってあげようと思いました。ある日、子どもたちにリクエストを募ったところ、そろって〝オムライス〟と答えたのです。私は、一瞬、「エッ、手間がかかる」と思いましたが、翌朝、心を込めて作ってあげました。

その日から、私の苦労を察した夫が、朝、早めに起きて、洗濯と部屋の掃除を買って出てくれるようになりました。以来、今日まで、夫は家事を分担してくれ、私も少しずつではありますが、心のこもった食事を作ってあげられるようになりました。

こうした夫婦の変化は、まさに、「相互性」の表れであるといえるでしょう。お母さんの心のこもった食卓は、子どもに対する大切な〝愛情表現〟の場であり、子どもをまっすぐに育てる秘訣《ひけつ》であることを、忘れないでいただきたいと思います。

「相互性」を高めるためには、何よりも、一方が他方に歩み寄ることが大切です。とりわけ、夫が妻に歩み寄ることが効果的です。妻の立場になって、自分の考え方や行動を変えていくしなやかな姿勢を、お父さんには、ぜひ心がけてほしいと思います。

夫が家事や育児に積極的にかかわることは理想ですが、厳しい職場環境の中で奮闘しておられるお父さんもいます。そうしたお父さんは、仕事の忙しさから育児や家事にたずさわる時間が確保できなかったとしても、かぎられた時間の中で、妻に対する思いやりやねぎらいの言葉を、ぜひかけてあげてください。それだけでも、夫婦の「相互性」は大きく高まります。

ご主人がそうなっていくためには、妻の側にもできる努力があります。わが子やお父さんを前にして、「お父さんはいつも家族のために夜遅くまで働いてくれているのよ」「お父さんは、口数は少ないけれど、あなたのことを一番心配しているのよ」というように、〝お父さんを称《たた》えるメッセージ〟を、子どもやご主人を前にして、しっかりと伝えていくことが大事です。

夫婦の愛情こそ、子育ての土台

この「相互性」という言葉が私たちに教えてくれること——それは〝夫婦が成長すれば、子どもも大きく成長する〟ということです。アメリカの家族カウンセラー、**グッドマン**（Goodman）は、子どもを育《はぐく》んでいくための最も重要な条件として、**「夫婦の愛」**をあげています（『グッドマン博士の家庭教育の本』）。「夫婦の愛」（love）

とは、夫婦が互いに愛し合い、感謝し合うことです。夫婦に愛と感謝がある家庭では、子どもは自然と、心豊かな大人へと成長していきます。なぜなら、子どもが心の奥底で、最も強く求めていることこそが、〝両親が互いに仲よく、愛し合い、感謝し合っていること〟だからです。

夫婦も人間ですから、ときにはけんかもし、怒りの感情をあらわにすることもあるでしょうが、そんなときは、ぜひ、このグッドマンの言葉を心にとどめて、夫婦の「相互性」を育みつつ、子どもを健《すこ》やかな成長へと導いていってほしいと思います。

相談⑧

〝家族だんらん〟の時間がとれません

Q

毎日があわただしく、最近、家族でゆっくり食事をしたり、話をしたりする時間が少なくなっています。このままではいけないと思うのですが……。

A

たとえ、家族だんらんの時間がかぎられていたとしても、わが子への精いっぱいの愛情は、必ず子どもに伝わります。

家族とのよき思い出は、〝時間の長さ〟だけで決まるものではありません

忙しいお父さんやお母さんにとっては、なかなかゆっくり子どもと会話をする機

会を持つのがむずかしい場合もあります。そんなときは、わずかな時間でも結構です。たとえ短い触れ合いの時間であったとしても、親子だけに与えられた宝の時間を、大切にしてもらいたいと思います。

最近では、ＬＩＮＥ《ライン》などのコミュニケーション・ツールも普及しています。ＳＮＳ（social networking service）のツールもうまく活用しつつ、たとえ、同じ場所に居合わせることができなくても、お互いの様子を写真に撮って交換し合うなど、心がけ次第で、親子でのかけがえのない触れ合いのひとときを持つことも可能です。

質素でもいいから、たまには家族で外食に出かける、家族旅行を計画することもおすすめです。逆に、ＳＮＳの時代だからこそ、お金は少しかかるかもしれませんが、写真屋さんで家族の思い出に残るとびきりの一枚の写真を撮ることもよいでしょう。家族の誕生日や祝いごとはもとより、子どもの運動会や発表会、入学式、卒業式などの学校行事があるときには、お父さんも仕事を後回しにして、親子だけの心の通い合った時間と空間を共有することを心がけてください。

家族のよき思い出は、〝時間の長さ〟で決まるものではありません。子どもの成長にとって、親子の心の触れ合いの〝質〟が何よりも大切です。数時間、いな、たとえ数十分という、ごくかぎられた時間であったとしても、子どもの心の琴線に触れる思い出の時間を、ぜひ、作ってもらいたいと思います。

私たちは、お金に心を奪われることはありますが、人生における〝時間の大切さ〟には、残念ながら、気づかないことが多いようです。親子にとってかけがえのない時間は、親の心がけ一つで作れるということを、ぜひ、忘れないでほしいと思います。

何気ない時間が、家族の〝心の潤滑油〟に

相談⑤では、交流分析の「時間の構造化」という考え方を紹介しました。日々の生活を、有意義な時間にしていくことです。こうした考え方は、家族での「雑談」(pastimes)が大切であることを教えてくれています。「雑談」は〝気晴らしの時間〟です。たわいのない会話のひとときです。自由な雰囲気の中で、繕《つくろ》うことなく、その日の出来事や世間の話題、ときには愚痴《ぐち》めいたことや冗談を言い合ったりしなが

ら、自然体で過ごせる時間です。

日々、仕事に追われるお父さんにとっては、家族の雑談に付き合うくらいなら、少しでも体を休めたいと思っている方も多いと思います。たわいのない話ばかりで、〝時間の無駄遣《づか》い〟だと感じられるかもしれません。しかし、それは一見、無駄な時間であるように見えても、家族が生きる力を蓄え、活力を取り戻していく上で、なくてはならない時間であり、家族にとっての〝心の潤滑油《じゅんかつゆ》〟なのです。

私の職場には、ほぼ毎日のように来客があります。もちろん、中には、突然いらっしゃる方もおられます。さまざまな仕事に追われ、十分な応対ができないことのほうが多いのですが、どんなに忙しくても、人と挨拶《あいさつ》を交わし、触れ合うひとときは、そのとき

はわからなくても、あとになって振り返ったときに、私自身を元気づけてくれていた大切な時間であったことに気づかされます。そうした意味では、とりわけ、お父さん方は、多忙な中にあっても、ぜひ、家族での触れ合いの時間を大切にしてもらいたいと思います。

〝空気のように意識されない時間〟が、子どもの成長を支える

家族と共に過ごす〝飾り気のない時間〟は、何気なく過ぎ去っていく空気のような時間です。そのため、親自身も、「雑談」の大切さについて、普段は意識することはありません。

しかし、その温かな雰囲気は、子どもの心の中に、自然と蓄積されていきます。既に、相談①では、**「潜在的カリキュラム」**という言葉を紹介しましたが、「雑談」に象徴される家族の語らいの時間や雰囲気もまた、子どもが知らず知らずのうちに肌で吸収していく「潜在的カリキュラム」にほかなりません。

四十代のあるお母さんは、次のような言葉を残しています。

子どもの頃、私の家は、広い家ではありませんでしたが、八畳ほどの台所兼居間に、毎日のように、家族が集まってきては、きょうだいで宿題をしたり、テレビを見たり、母は食事の支度《したく》をしたり、父は新聞を読んだりしていました。そして、お互い、たわいのない話をよくしていました。何の変化も、目新しさもない日々でしたが、数十年を経た今でも、あのときの温かい雰囲気は、体にしみついています。

こうしたお母さんの言葉は、家族が自然に作り出す時間や雰囲気は、意識されることなく過ぎ去ってしまうように見えて、実は、知らず知らずのうちに、自然と脳《のう》裡《り》に深く刻まれていることを教えてくれています。それは、私たちにとって、かけがえのない大切な心の充電期間でもあるのです。この何気ない時間や空間こそが、家族が共有できる大切なひとときなのです。

家族で作り上げた繕いのない時間や雰囲気は、やがて子どもが大人になって、人生の荒波に直面したときに、困難を乗り越えるための大きな原動力や生きる力となって、希望や勇気というエネルギーを生み出していきます。

お父さんやお母さんは、こうした何気ない、ありふれた時間が、子どもたちの成長を支え、ここ一番という人生の岐路《きろ》に直面したときに、大きなエネルギーに変化して、人間を支えていくということを、ぜひ、知っていただきたいと思います。

相談⑨ 子育てで、夫婦が心がけるべきことは？

Q 子育てにおいて、夫婦は、互いにどのような点に注意すべきでしょうか。

A 互いの立場を尊重し、感謝の言葉を口に出して伝えましょう。

夫が〝育児参加〟できる環境作りを

「性役割」という言葉があるように、男女に期待される社会的役割というものがあります。男性は、こうした性役割意識が、比較的強いと考えられています。つまり、女性に比べて、男性のほうが〝男らしさ〟や〝女らしさ〟へのこだわりを強く持つ傾向にあります。そのため〝男性は仕事、女性は家事、育児〟といった性役割分業へのこだわりが強くなりがちです。

性役割意識が強い男性は、育児や家事は、女性の役割であると考えるため、自らが育児や家事にたずさわることに、強い抵抗感や拘束感、煩《わずら》わしさを感じます。既に、相談⑦で紹介したように、創価大学がおこなった国際比較調査の結果でも、日本人は、子育ては本来、母親がするもので、〝夫婦で一緒にやるもの〟という意識が希薄です。

しかし、最近では、〝専業主夫〟といった言葉に見られるように、男性の育児や家事に対する抵抗感がなくなり、男女の性役割意識も変化しつつあります。夫が家事や育児にたずさわることで、充実感や満足感を高めていくことも大切になってきます。とりわけ、妻というパートナーへの貢献感を味わえるようにしていくことが重要です。

夫の貢献感を高めていくためには、「疲れているのに、おむつを替《か》えてくれて、本当にありがとう」「慣れない食器洗いを買って出てくれて、本当に嬉《うれ》しい」というように、しっかりと夫に対して、感謝の気持ちを言葉にしていくことが大切です。「ダメッ、何やってるの。食器の洗い方、そうじゃないわよ！」などと、つい言いたくなるかもしれませんが、まずは、感謝の言葉をしっかりと伝え、夫の家事や子育てへの協力を評価し、貢献感を高めてあげて、夫の〝やる気スイッチ〟を〝オン〟にしてあげてもらいたいと思います。

互いに〝感謝する心〟が、夫婦を変え、子どもを変える！

相談⑦で紹介したように、夫婦や家族の健康度を表す指標の一つが、「相互性」でした。これには、①「互いに助け合う力」、そして、②「互いに変化し合う力」「互いに成長する力」という二つの特徴がありました。「相互性」を培《つちか》っていくためには、夫は、子育てに専念している、あるいは仕事と育児の両立に奮闘している妻に対して、心からの感謝の気持ちを口に出して伝えていくことが大事です。妻も、「きょうも一日、お仕事、ご苦労さまでした」というように、夫の日々の頑張りに、ねぎらいの言葉を伝えていくことが大切です。

かつて、若いお母さんが次のように語っていたことを思い出します（『朝日新聞』一九九五年十月三十日付）。

子どもと遊んだり、子どもをお風呂に入れたりすることも、大切な夫の育児参加だと思うが、仕事に追われる日々の中にあって、夫が見せてくれる、ちょっとした〝心遣い〟や〝優しさ〟、〝ねぎらいの言葉〟や〝感謝の言葉〟が、疲れきった私の心に、どんなに活力とうるおいを与えてくれることだろうか。

若い母親がいつも明るく元気に育児ができるようにしてくれる、夫の〝思いやり〟や〝いたわりの言葉〟も、大切な夫の育児参加だと思う。

こうしたお母さんの言葉の中に、夫婦の子育ての極意を見て取ることができるように思います。

〝しつけの道具〟に徹する

妻の役割は「**表出的役割**」(expressive role)、夫の役割は「**道具的役割**」(instrumental role) であるといわれます。「表出的役割」とは、家庭にあって、お母さんが、常に太陽のように、明るく元気な姿で笑顔を振る舞っていくことをいいます。お母さんが、いつも家族の中心的存在や牽引車《けんいんしゃ》、指揮官として周りを鼓舞《こぶ》し、よく動き、よくしゃべり、大声で家族に指示を出し、テキパキと家事をこなしている姿が「表出的役割」です。

もちろん、本物のお日さまも、ときには雲間に隠れていつもの明るさに陰りが出ることがあるように、お母さんも疲れたり、落ち込んだり、病んだりすることがあります。お母さんのエネルギーがなくなりかけたら、周りの助けをうまく借りながら、まずはゆっくり心身を休めることです。それは母親としての権限です。

そんなとき、家族は、交流分析でいう「**アローワー(許すもの)**」(allower) となって、「お母さんだって、たまには休んでいいんだよ」「お母さんも疲れることがあるよ」というように、お母さんをいたわり、進んでお母さんの代役を買って出てください。「アローワー」とは、いたわりの心を持つ人のことをいいます。お母さんは、元気を取り戻したら、また家族のために、元気な姿で「表出的役割」を演じてもらえればいいのです。

これに対して、「道具的役割」とは、お母さんが子育てをしやすいように、お父さんがうまくお母さんの手のひらに乗って、〝しつけの道具〟としての役割に徹していくことをいいます。具体的には、お母さんがわが子に対して、「そんなことしたら、お父さん、怒るわよ」「スマホを買っていいかどうかは、お父さんに聞いてみてから」「パパがね、お仕事頑張ってくれているから、あなたたちはこうして学校に行けるのよ」というように、家庭にあっては、お父さんが、お母さんのしつけの道具としての役割に徹していくことをいいます。

お母さんがうまくお父さんを使って、お父さんの存在や役割を子どもに伝えていくことで、子どもは、お父さんに対する「よき父親イメージ」を作り上げ、父親を尊敬できるようになります。

お母さんがそのように子どもに話しかけているのを聞いたお父さんは、きっと、仕事にも力が入り、家族から尊敬されるような振る舞いができるように、一層、努力することでしょう。夫婦の歯車がかみ合い、互いの役割を果たしていくことで、家族関係も好循環を生み出していくことになります。

社会と家庭との〝つなぎ目〟としての機能も、重要な「道具的役割」の一つです。お父さんだけでなく、社会の第一線で働くお母さんも多くなりつつあります。そうした意味では、社会で働くお母さんもまた、ときには、家庭に社会の風を送り込んで、社会という大きな集団と、子どもを結びつける役割を果たしてほしいと思います。具体的には、働くお母さんが、ときには、子どもを前にして、会社での仕事のことや社会のしくみについて語る中で、マイナス面だけでなく、働くことの素晴らしさや社会に貢献できる喜び、充実感についても、ぜひ伝えてもらいたいと思います。

相談⑩

〝イクメンブルー〟は、乗り越えられますか？

Q

出産後の育児参加で、父親も精神的なストレスを抱えると聞きました。〝イクメンブルー〟というそうです。育児と仕事の両立に向き合う夫に、どう接していくべきですか。

A

イクメンブルーも、「あなたはOK」で、大きな心で接してあげてください。

〝パパ友〟との交流や、一人になれる時間を確保してあげましょう！

本来、男性は、社会で働き、社会で評価されたいという社会的な「承認欲求」を強く持ち合わせている存在です。〝父親が育児や家事に協力することはよいことだ〟

という社会的な風潮が強まりつつある中で、社会的な承認欲求の強い男性が、仕事と育児との両立に悩み、ジレンマに陥りやすいという傾向は否《いな》めません。

夫に家事や育児を分担したいという気持ちはあっても、仕事で疲れて、体がどうしてもついていかないこともあります。ですから、仕事と育児という〝二刀流〟を演じている夫にとって、ストレスを溜《た》め込んでしまうことは、ある意味で自然なことです。

夫のストレスをやわらげ、心の負担を軽くしてあげるためには、同じストレスを抱えているであろう〝パパ友〟との交流も大切なことの一つです。地域の同年代の父親たちや、職場の子育て真っ最中の同僚との交流をとおして、互いに情報を交換し合い、お酒の席で育児の悩みや疲れを共有することで、育児ストレスをやわらげることができます。

〝パパ友〟との出会いは、保育園等への送り迎えのときや、文化祭などの学校行事の手伝い、行政やNPOなどが主催するパパ向けのイベントであったりと、さまざまな機会があります。そうした場に、お父さんの背中を押して送り出してあげるのもよいでしょう。

ときには、〝夫だけの時間〟を作ってあげる配慮を

お母さんの場合、子育てだけでも大変なのに、そこに食事の用意や洗濯、掃除、買い物など、家庭での仕事量は、それはもう半端ではありません。若いお母さんの中には、親になって初めて、自分の親がどれだけ苦労をして自分を育ててくれたのかという感謝の気持ちがわいたという方もおられるでしょう。

お父さんの育児によるストレスは、お母さんの苦労や大変さとは、比べものにならないかもしれません。しかし、どんなに子ども好きのお父さんでも、仕事との両立で、結構、ストレスを溜め込んでいるものです。そうした意味では、〝イクメンブルー〟の影は、すべてのお父さんに忍び寄ってくるといってもいいでしょう。

お父さんが育児にストレスを感じ、イライラしていると思ったら、お母さんは、そんな疲れたパパに対して、ときには、先ほどの**「アローワー（許すもの）」**となって、理解を示してあげて、「あなたはＯＫ」（You are OK.）であると、お父さんのそ

れまでの頑張りを前向きに評価してあげてほしいと思います。

そして、たまにはご褒美《ほうび》として、交流分析の「時間の構造化」でいう「活動」(activities)の時間を認めてあげてください。夫の「活動」には、テニスやバンド演奏、登山や魚釣りなどの趣味の世界から、料理作りやパソコン操作、ゲームにいたるまでさまざまなものがありますが、「活動」の特徴は、テニスであればラケット、バンドであれば楽器というように、何らかの道具を使って、創造的で生産的な成果が得られるところにあります。自分の好きな世界に浸《ひた》り、集中することで、自らに**「ストローク」**という心の栄養を与え、エネルギーを充電することができます。

若いお父さんが、次のような妻への感謝の言葉を語っていたことがあります。


私の場合、土日の休みは、時間の許すかぎり、二歳と四歳の子どもの面倒を見ていますが、妻と話し合って、月に一回の週末は、好きな釣りに出かけています。好きなことに没頭できるということは、自分へのご褒美にもなり、心をリセットし、自分を取り戻せる貴重な時間となっています。そのことが、子育てや家事を

協力してやっていこうという気持ちにさせてくれます。妻に感謝です。

夫が自分を取り戻せる時間を持てるということは、一見、夫の甘えを許しているだけのように思えますが、夫婦で協力して子育てをしていく上では、大切なことです。夫の「活動」の時間は、必ず、ママへの感謝といたわりの心となって跳《は》ね返ってくるものです。

もちろん、お父さんだけでなく、夫婦がよく話し合って、お母さんも一人でショッピングや映画を楽しんだり、親友と食事に出かける時間を確保することも大事です。よき関係作りのためには、夫婦がお互いに向き合って話し合う時間を作ることで、互いのコミュニケーションを高める努力を惜しまないでほしいと思います。

子育ては、想像以上に、苦労をともなうものです。特に、子どもが小さい頃は、あたかも嵐に遭遇《そうぐう》したかのような混乱と危機をともなうものですが、台風が過ぎ去ると、一面に広がる青空を目にすることができるのも確かです。子育てという大変な時期も、終わってみれば、束《つか》の間《ま》の出来事です。

子育ての渦中は大変ですが、それは、親だけに与えられたかけがえのない時間であることを心にとどめて、子どもと共に成長を遂げていきたいものです。

第三章

楽観主義で〝母親力〟を高める

相談⑪ 友だちが少ないのが心配です

Q

うちの子どもは人見知りが強く、学校でも友だちが少ないように思えて、とても心配です。子どものコミュニケーション能力を高めるには、何が必要でしょうか？

A

友だちが少ないことも、一つの特性です。温かい目で見守ってあげましょう。

〝視点〟を変えて、わが子を見つめよう！

わが子に見られる特徴や性質は、親の傾向や特徴を引き継いでいる場合が多いかもしれません。もしも、わが子が控《ひか》えめな性格で、友だちが少ないといった特徴があるとしたら、親であるお父さんやお母さんのどちらかが、「そういえば私もそうだった」という経験をお持ちの場合があるかもしれません。わが家はもとより、親子という存在は、本当によく似ているものです。

〝わが子に友だちが少ない〟というお母さんの心配はよくわかります。しかし、私たち大人の場合を例にとってみても、小さい頃は友だちが少なかったという方も、結構おられるのではないでしょうか。たとえ友だちが少なかったとしても、立派に生きておられる大人の方も多いわけですから、過度の心配は無用です。そうした意味では、あまり神経質にならずに、子どもの成長を温かく見守っていくことが大切です。ただ、「いじめ」などの問題が起きている可能性もありますから、子どもの様子や行動の変化については、親の観察力を磨き、気を配っていく必要があります。

友だちがたくさんいるということは、それはそれで、その子の優れた特性であることに違いはありません。しかし、その一方で、友だちが少ないことも、立派な特性の一つととらえることができます。

友だちの数が多くないということは、視点を変えて見れば、〝かけがえのない友だちがいる〟と見ることもできますし、友だちを大切にしていると見ることもできます。

実際に、有名な作家や職人、研究者、実業家、芸術家など、特別な才能に秀でた人たちの中には、一般的な人間関係の枠組みに収まりきらない、個性的な方々が数多くおられます。個性的なコミュニケーション力を、むしろ逆手にとって、活躍している人もたくさんいます。

心理学に、**「リフレーミング」**（reframing）という言葉があります。本来は、家族療法という治療の中で用いられてきた言葉です。「リフレーミング」とは、ある一つの**「枠組み（見方）」**（frame）を、別の視点でとらえ直してみることをいいます。考え方の枠組みを、もう一度、見直してみることで、自分に自信が持て、モチベーションを上げることができます。

たとえば、私は授業の中で、〝欠点は、長所でもあることを自覚しよう〟と題した課題を学生に出すことがあります。学生に自分の短所だと思う性格特性をあげてもらい、それを、別の視点から長所に見立ててもらうのです。こうした**「再枠づ**

け」（見方を変えてみること）を試みることで、心も軽くなり、元気が出ることを学生に伝えています。ここで、学生が作った作品を、幾つか紹介してみましょう。

「なかなか人に心を開けない」
という短所を、長所に置き換えると、
「よい友だちを厳選できる」

「周りに流されやすい」
という短所を、長所に置き換えると
「協調性がある」

「声が小さい」
という短所を、長所に置き換えると
「上品な人だと思ってもらえる」

こうした短所は、いずれもコミュニケーション・スキルに劣ると見られがちなものですが、見方を変えてみることで、長所にも見えてくるものです。一つ目の作品を書き綴《つづ》った学生は、振り返りの感想として、「人に心を開きたいと思っているのですが、自分の短所をポジティブにとらえ直してみることで、少ないけれども〝よい友だちがいる〟自分を、あらためて確認することができて、嬉《うれ》しくなりました」と述べてくれました。

子どもたちの中には、**「自閉スペクトラム症」**（autism spectrum disorder）と呼ばれる発達的特徴を持つ子がいます。自閉的な傾向にある子どもたちは、一般的には、コミュニケーション能力の面で特徴があります。**ローナ・ウィング**（Lorna Wing）というイギリスの児童精神科医は、自閉的傾向にある子どもたちの特徴として、①「社会性や対人関係の特徴」（人への関心に乏しい、視線が合いにくいなど）、②「コミュニケーションや言葉遣《づか》いの面での特徴」（言葉の発達の遅れや偏り、独特のイントネーションなど）、③「こだわりと想像力の特徴」（特定の物に対する強い興味や執着、反復的行動が見られ、想像的な活動に欠けるなど）があることを指摘しました（『自閉症スペクトル』）。

　近年では、こうした発達的特徴は、むしろ、子どもの特性であるととらえて、子どもの持ち味や長所にしっかりと目を向けようとする考え方が定着しつつあります。福井大学の熊谷高幸特命教授は、「自閉症」に対して興味深い見解を示《し》唆《さ》しています（『自閉症と感覚過敏』）。

　これまでは、自閉症への理解が〝社会性やコミュニケーション能力の差異〟という、いわば子どもを外側から観察した結果に基づいていたのに対して、個人の〝感覚〟（感覚過敏・感覚が非常に敏感になっている状態で、刺激を恐れる場合と求める場合がある）に焦点を当て、独自の世界観に寄り添うことで、自閉的傾向にある子どもたちを、内面から理解していこうとする新たな試みが必要である――このように熊谷教授は指摘しています。

　〝友だちが少ない〟ということも含めて、あらゆる子どもの特性を正しく理解していくこと、そして、ほかの子どもと比較して、その差異を短所として見るのではなく、もっとその子の隠された長所に目を向け、その子の〝よさ〟を、しっかりと伸ばしていくかかわりが大切です。すべての子どもは、その子にしかない持ち味と魅力をそなえているのですから、それを発見し、そこに光を当てていくのが親の役割にほかなりません。

頭を上げて、未来を見つめて！

子どもの教育は、相談①でも述べたように、子どもを信頼することから始まります。〝友だちが少ない〟という心配も、親の立場としてはよくわかります。しかし、そんなときこそ、**「現実的楽観主義」**（realistic optimism）という剣をたずさえて、自らの不安に立ち向かってほしいと思います。

「現実的楽観主義」とは、何事も深く考えない〝能天気〟な楽観主義ということではありません。子どもが置かれている現実を固定的に見るのではなく、〝しなやか〟な心で見つめ、強い意志をたずさえて、未来に向かって希望をたやさずに進む生き方のことです。近視眼ではなく、力強く未来を見据《みす》えていける力のことをいいます。

落ち込んでばかりいるのではなく、頭を上げて、子どもと向き合っていくことです。
イギリスの映画俳優**チャップリン**（Chaplin）は、〝喜劇王〟の異名を持つことで知られています。そのチャップリンが、〝人生はクローズアップで見れば悲劇、ロングショットで見れば喜劇〟との有名な言葉を残しています（"Charlie Chaplin"）。チャップリンが教えてくれているように、目の前の心配事だけに目を奪われていては、不安や悩みは尽きません。ぜひ、慈愛あふれるロングショットの目で、子どもの成長を、温かく見守ってあげてほしいと思います。

相談⑫ 効果的な子どもの〝ほめ方〟を教えてください

Q

最近、子どもの〝できないこと〟ばかりが気になってしまい、子どもを叱ることが増えています。本当はもっとほめてやりたいのですが……。

A

ぜひ、「ありがとう」「嬉しい」という〝感謝のメッセージ〟を伝えてください。

〝感謝〟と〝嬉しさ〟を言葉にしよう！

「ほめること」と「叱《しか》ること」は、共に教育の基本です。心理学でも、この二つが教育的に大切なかかわりであることがわかっています。しかし、その効果には違いがあります。

ハーロック（Hurlock）という心理学者がおこなった**「称賛と叱責《しっせき》」**に関する研究があります（"An Evaluation of Certain Incentives Used in School Work."）。それによると、「叱る」という行為は、子どもに反省をうながし、やる気にさせるという意味で一時的な効果はあったとしても、それが何度も繰り返されると、その効果はしだいに薄れていくことが指摘されています。一方で、「ほめる」という行為は、基本的に、どれだけ繰り返しても、その効果は薄れることはなく、持続されることが証明されています。

つまり、子どもを叱る場合は、一度、〝ビシッ〟と叱るという点では、緊張感も高まり、大きな効果がありますが、何回も繰り返して、叱り続けていると効果はなくなり、子どものやる気も失《う》せてしまいます。

これに対して、「ほめる」という行為は、基本的には、親や上司、教師といった目上の人から、目下の人に対してなされるという点に特徴があります。また、〝ほめ言葉〟には、「よく頑張ったね」「偉いね」「よくできたね」というように、目上の人からの〝評価〟が含まれています。ですから、たとえば、私のような年配者が、若い学生から「先生は、忙しい中、たくさんの授業も担当されていて、偉いですね」と言われると、何だか、とても複雑な気持ちになってしまいます。

このように、一般的に、〝ほめ言葉〟には、評価がともないがちであるということを知っておく必要があります。親が子どもに対して、「よく頑張ったわね」「お利口さんだね」「偉いわねえ」と言うときには、親の側の評価が入っています。しかし、親の評価が含まれていたとしても、それはそれで、子どものやる気や意欲を高めることにつながります。その意味で、〝ほめる〟という行為は、きわめて大きな効果をもたらします。子どもにかぎらず、大人であっても、ほめられることで肯定的な評価を受けると、とても嬉《うれ》しくなり、心も弾《はず》みます。

ただ、それ以上に、子どもがやる気を出し、心が躍り嬉しく思う、最も質の高い〝ほめ言葉〟があります。心理学者**ギノット**（Ginott）は、それは、〝感謝をともなったほめ言葉〟であると述べています（『先生と生徒の人間関係』）。

お母さんが、子どもに対して、感謝の気持ちを込めて伝える、最も優れたメッセージは、「ありがとう」と「嬉しい」の二つの言葉に尽きます。たとえば、わが子が、食器を洗ったり、洗濯物を干してくれるなど、進んで手伝いをしてくれたときには、「本当にありがとう！　お母さん、とっても嬉しい！」「お母さん、涙が出るくらい嬉しい」と、心からの感謝の言葉かけをしてあげてほしいと思います。

評価をともなったほめ言葉は、言葉の中に「(あなたは) 偉い」「(あなたは) よく頑張った」というように、〝あなたは〟というメッセージが含まれていますので、**「ユー・メッセージ」**(You message) と呼ばれます。それに対して、感謝をともなったほめ言葉は、「(私は) ありがたい」「(私は) 嬉しい」というように、〝私は〟というメッセージが含まれていますので、**「アイ・メッセージ」**(I message) と呼ばれています。そうした意味では、お母さん自身の言葉で、心からの〝感謝〟や〝喜び〟の気持ちをしっかりと伝えてほしいと思います。

〝二重の喜び〟を伝えよう！

子どもをほめる際には〝周りの人からの称賛〟を、いい意味で活用して子どもを称《たた》えると、二倍、三倍の効果が期待できます。ある小学校の校長が、次のようなエピソードを紹介してくれたことがあります。

六年生が修学旅行先の旅館で宿泊をしたときのことです。旅館の方々に対する子どもたちの明るく礼儀正しい挨拶《あいさつ》や、朝の部屋の布団の整頓、ごみの片づけの様子を見ていたご主人から、後日、学校に感謝の手紙が届きました。手紙には、子どもたちの態度に接して、従業員一同、とても清々《すがすが》しい気持ちになり、子どもたちからたくさんのことを教えられたことが綴《つづ》られていました。手紙を読んで、校長の私も嬉しさが込み上げてきて、翌週の朝礼で、全学年の児童の前で手紙を紹介しました。そのときの子どもたちの満面の笑みを、今もって忘れることはできません。

こうした事例は、旅館のご主人という第三者の方のほめ言葉を校長が朝礼で紹介し、児童をほめ称えたことで、ご主人と校長の双方からの二重の称賛が得られて、効果が倍増した例であるといえます。

家庭においても同じことがいえます。たとえば、お母さんがわが子に対して、「きょうは、個人懇談で、担任の山中先生がマサルのことを、とってもほめてくださっていたわよ！」と笑顔で伝えたとすると、先生とお母さんの二人が、子どものことを二重に称えていることになり、効果も抜群です。ぜひ、実践してもらいたいと思います。

お母さんが嬉しくて、飛び跳《は》ねたくなるようなわが子のよい振る舞いに接したら、お母さんは、そのことを自分の胸だけにしまっておくのではなく、ご主人や祖父母にも、ぜひ伝えておくとよいでしょう。「この前、ヨシコのことで、お母さんがとても喜んでいたよ」というお父さんの言葉が、子どもに伝え

られたとしたら、子どもは、お母さんとお父さんの両方からほめてもらったという〝二重の喜び〟に包まれることになります。

こうしたお母さんのちょっとした心遣《づか》いが、子どもの笑顔とやる気を引き出すことにつながります。子どもには親の喜びと感謝の言葉を、ぜひ、シャワーのように、体いっぱいに浴びせてあげてほしいと思います。

相談⑬　子どもの感受性を伸ばすには？

Q

感受性の豊かな子どもに育ってほしいと思っています。そのためには、子どもにどういったかかわりをすればよいでしょうか。

A

まずはお母さん自身が豊かな心で、子どもと〝感動〟を共にしてください。

〝シビレエイ〟のたとえ

古代ギリシャの哲学者プラトンの代表的な著作の一つに『メノン』という作品があります。プラトンの作品の多くが師であるソクラテスと弟子との対話形式で綴《つづ》られており、『メノン』では、「徳とは何か」をテーマにした師弟の語らいが収められています。

この『メノン』の中に、有名な〝シビレエイのたとえ〟が出てきます。そのたとえとは、〝シビレエイは自分自身がしびれているからこそ、他人をしびれさせることができる〟というものです。

発電器官を持つ魚として知られるシビレエイは、近づいてきた魚に放電し、その魚を痙攣《けいれん》させることで知られていますが、プラトンは『メノン』の中で、ソクラテスの人間的な魅力や周囲への影響力を、シビレエイが放電する様子にたとえて紹介しているのです。

このたとえから私たちが学ぶべきことは、相手の心を揺《ゆ》り動かすためには、〝まず自らの心が感動し、躍動していなければならない〟ということです。自分自身の心が躍動していなければ、どんなにきれいな言葉を並べても、相手の心を揺さぶり、動かすことはできません。

このことは親子の関係においても、当てはまるのではないでしょうか。子どもの心に豊かな感受性を育《はぐく》んでいくためには、お母さん自身が、周囲の出来事や変化に心を動かされ、生命が生き生きと躍動していることが大切です。

お母さんの〝心のアンテナ〟を磨こう!

「琴線に触れる」という言葉があるように、お母さん自身が子どもと過ごす時間や、日常生活での子どもの何気ない言動、また、さまざまな人や物との出会いに感動できるようになれば、それはとても素敵なことです。ぜひそのような心を動かされ、共鳴できる体験をたくさん積み重ねていただきたいと思います。

あるお母さんが、毎日の子どもとのかかわりの中で、ふと感じたことを、次のように語っていました。

私は、仕事を抱えているため、四歳の娘を保育園に預けています。朝、保育園に連れていくのはパパ、迎えに行くのは私の役割です。ある日、保育園に娘を迎えに行き、いつものように娘と手をつないで、歌を口ずさみながら、家路についていたときのことでした。ふと空を見上げると、西の空が一面、真っ赤な夕日に包まれていました。私は、あまりの美しさに、「わあ、きれい。カズコちゃん、ほら見てごらん。きれいな夕焼けだねえ。すごいねえ」と、思わず、大きな声をはりあげました。

すると、そばにいた娘のカズコも、目をまんまるくして、「うわあっ、すごい、すごい！ きれい、きれい！」と、大きな声で叫んだのです。

こうした体験は、お母さんの心からの感動が、そのまま、子どもにも伝わっていくことを教えてくれています。

子どもに絵本を読み聞かせる中で、物語の純粋な世界に触れて、お母さんのほうが感極《きわ》まってしまい、思わず涙ぐんでしまうこともあるでしょう。子どもは、そんなお母さんの心の優しさを、自らの心に吸収して、感受性豊かな子どもへと成長していきます。

夜空に映《は》える月光の美しさに、お母さんが感動したら、「わあ、大きなお月さま。

ほらっ、お月さまが笑ってる！」と、笑顔で子どもさんに話しかけてあげてください。お母さんの心が、日々、豊かであり続けることが大切です。

たとえば道端《みちばた》で、命が途絶えたセミを見つけた子どもが、「お母さん、セミが死んでる。かわいそう」と言ったら、「本当だ、かわいそうだねえ。でも、セミさんだって、短い命だったけど、一生懸命、生きたんだよ。偉いよねえ」と、心から語りかけてあげてください。

公園で、友だちが転んで泣き出したのを見たわが子が、「ナオミちゃん、大丈夫？」と言って、手を差し出してあげたら、「ヒロコは、優しいねえ。お母さん、嬉《うれ》しい」と、感動を言葉にしてあげてください。こうした傷ついた生き物をかわいそうに思っ

たり、友だちをいたわる心は、「**養護性**」（nurturance）と呼ばれています。お母さんは、そうした子どもの心の成長を後押しするタイミングを見逃さずに、かかわってほしいと思います。

感動という心の振動は、子どもの心に響き、豊かな感性を育んでいきます。感動は心の宝石です。それは、身近な出会いや出来事の中にたくさん存在しているものです。心豊かなお母さんであり続けるためには、日頃から、お母さん自身の〝心のアンテナ〟を磨いておくことが大切です。

わが子と共に笑い、泣き、喜びや感動を分かち合える時間は、お母さんに与えられたかけがえのない時間です。そうした贅沢《ぜいたく》な時間を、ぜひ、大切になさってください。

相談⑭ 「指しゃぶり」や「チック」が治りません

Q

「指しゃぶり」や「チック」がなかなかやめられません。退屈感や不安が一因と聞きますが、やわらげるためには、どのようなかかわりをすればよいでしょうか。

A

無理にやめさせようとせずに、辛抱強く、接してあげてください。

子どもの緊張や不安は、さまざまな形で表れます

子どもがまだ小さい頃は、子どもが抱えている退屈感や緊張、不安などが、さまざまな形となって表れることがあります。たとえば、「指しゃぶり」や「爪《つめ》噛《か》み」、

るでしょう。

「チック」や「吃音《きつおん》」、「夜尿（おねしょ）」などが、その代表的なものであるといえ

まず、「指しゃぶり」(finger sucking）についてです。子どもは、赤ちゃんのときから、お母さんのお乳を飲んで育ちます。さかのぼると、胎児のときから赤ちゃんは指を吸っていることがわかってきていますから、子どもは特に眠気がおそってきたときなどは、お乳に代わるものとして、親指を吸うという行為に出ることがあります。また、お母さんが十分にかまってあげられず、子どもなりに寂しさや不安が高じてくると、指しゃぶりをすることがあります。

「爪噛み」(nail-biting）についても、一般的には、不安をやわらげるためや退屈しているときに噛んだりします。親にかまってほしいというサインの表れであることが多いようです。入園や入学など、環境が変化することによる緊張やストレスによって、爪噛みを始めることもあります。

これらの子どもの行為については、原則として、無理にやめさせようとしないことです。親が厳しく叱《しか》ったり、子どもの手を止めようとすると、かえって状況を悪

化させてしまい、子どもの自尊心を低下させてしまうことになりかねません。ですから、お母さんやお父さんは、辛抱強く子どもとかかわっていくことが求められます。

たとえば、お父さんが休日のときには、サッカーや一輪車など、子どもが夢中になって体を動かせるような運動を一緒にすることも効果的です。戸外で友だちと遊ぶ機会を大事にしてあげながら、退屈感や緊張感をうまく取り除いてあげることで、子どもは、次第に落ち着きを取り戻せるようになります。とりわけ、好きなことに夢中になれるということは、大人がそうであるように、子どもにとっても、この上ない幸せな時間なのです。

「チック」（tic disorder）とは、自分の意思に関係なく、突然起こって、頻繁《ひんぱん》に繰り返される動きや発音のことで、**「運動性チック」**と**「音声チック」**の二つに大別されます。「運動性チック」とは、目をパチパチさせて、まばたきをしたり、首を振ったりするなどの行為が繰り返されることです。前述の「爪噛み」などは、広義には、「運動性チック」の中に含める場合もあります。「音声チック」とは、咳払《せきばら》いをしたり、鼻鳴らしをしたりすることが、繰り返されることです。

「チック」は、幼児期から小学校低学年までの学齢期の子どもに、比較的多く見られます。「チック」は一見、悪い癖《くせ》のようにとらえられ、わざとやっているかのように誤解されることが多いのですが、実際には、自分の意思とは関係のないところで、不随意的に起こります。つまり、本人がやめたくてもやめられないのが「チック」の特徴だといえます。

ですから、お父さんやお母さんの基本的なかかわり方としては、「自然に治るから心配しなくていいんだよ」といった励ましの言葉かけをして、子どもから、できるかぎり不安を取り除いてあげて、安心感を与え、自信を持たせていくことが大切です。

	特徴・原因	対策
指しゃぶり・爪噛み	不安や退屈、ストレスなど	無理にやめさせない、好きな運動をさせて退屈感や緊張感をやわらげる
チック	自分の意思とは関係なく起こる	不安を取り除く声かけで、安心感と自信を持たせていく
吃音・夜尿	緊張、焦りなど	「例外行動」に目を向ける

※上記はあくまで原則論。気になる症状が見られる場合は、小児科医など専門機関で相談を

「吃音」（stammering symptom）は、主として緊張と焦りから、人前で話をしようとするときに、言葉が詰まってしまって、うまく発話できない状態のことをいいます。一般には、心が落ち着いてリラックスしているときや、歌を歌うときなどは、スムーズに話ができたり、言葉を出せることが多いようです。

次に紹介するのは、娘さんが四歳の頃に生じた「吃音」についての、お母さんの振り返り体験です。

わが家の長女が、四歳になった頃のことです。母親である私と話をしているときでさえ、言葉がつかえてしまって、同じ音を何度も繰り返すようになりました。しばらく様子を見ていても、治る兆《きざ》しが見えなかったので、小児科の先生に相談に行きました。すると、先生は、「お母さんは、細かなことに対して、厳しく注意をしがちなのではないですか。あれをしてはダメ、これをしてもダメと、お子さんに対して、禁止語が多すぎるのでは」との指摘を受けたのです。

振り返ってみれば、当時の私は、地域の集まりに子どもを連れて行ったときなど、周りに迷惑をかけないようにと気を使い過ぎるあまり、「静かにしているのよ」「走り回ったらダメよ」「周りの子のおもちゃをほしがったらダメよ」というように、禁止語を使い過ぎていることに気づき、大いに反省をしました。そして、禁止語をやめ、子どもにできるだけ優しく話しかける努力をし続けた結果、子どもの吃音は、三カ月ほどでなくなりました。

こうしたお母さんの体験は、子どもとのかかわり方を反省し、気づきを深めることで、子どもの症状が改善していったケースであるといえます。

「例外行動」に目を向けよう！

「夜尿」や「吃音」などの場合には、子どもの「例外行動」に対して注意を向けていくことも、症状を改善していく上で、有効であると考えられます。「例外行動」とは、どんなときに「おねしょ」が減るのか、また「吃音」がなくなるのかといった、例外的に問題が生じなかった状況に、目を向けていくことをいいます。

たとえば、お母さんが子どもをほめたときは「吃音」が起こらなかった、子どもを寝かせるときに、添い寝をしてあげたり、就寝の数時間前から水分摂取《せっしゅ》を少なくしたら、「おねしょ」が減ったというように、「例外の発見」に努めることは、子どもの行動を改善していく上で重要です。

以上、述べてきたことは、あくまでも原則論です。これらの特徴は、子どもによっても違いがありますので、前述のような特徴が子どもに認められる場合は、まずは、小児科医など、専門機関に出向き、先生とよく相談されることをおすすめします。専門医の先生の診断とアドバイスを受けて、お母さん自身が子どもの症状に納得し、安心できることが何にも増して重要です。その上で、お母さんは決して焦ることなく、愛情豊かに、子どもを温かく包み込んであげてください。

子育ては、予期せぬさまざまなことが重なり、緊張や不安に襲《おそ》われ、つらく悲しい思いをすることもありますが、相談⑪で紹介した、しなやかな心と強い意志、そして未来を見据《みす》えた力強い**「楽観主義（現実的楽観主義）」**で、したたかに、くじけずに、頑張っていただきたいと思います。歳月を経て、振り返ってみたときに、

「昔は不安もいっぱいあったけれど、どうにか、ここまでやってこれた」「あの経験があったからこそ、今の自分がある」と言えるときが、必ずやって来るものです。

相談⑮ 子育てのストレス解消法って、ありますか？

Q

子育ては楽しくもあるのですが、自分の時間がなかなかとれないし、イライラしたり疲れたりして、やっぱり大変です。上手なストレス解消法があれば、ぜひ教えてください！

A

ときには、自分との「対決」をやめてみましょう！

〝一人になる時間〟をうまく確保しましょう！

ストレスは、私たちが置かれている生活環境や人間関係といった外側の要因と、私たちの性格や考え方といった内側の要因とが、相互に関係し合って起こります。

はた目から見ていて、まったくストレスがないかのように見える、幸せそうなお母さんもいらっしゃるかもしれませんが、実際は、決してそうではありません。お母さんであれば、皆、大なり小なり、何がしかのストレスを抱えて、子育てや家事と向き合っているものです。「私はOKではないが、あなたはOK」（I am not OK. You are OK.）という心の構え、つまり〝自分だけがダメで、周りのお母さんは皆OK〟という考え方を変えていくことが大切です。〝自分だけがストレスを抱え込んでいるのではない、皆、同じなのだ〟という考え方をしていくことです。

子育てのストレス解消の基本は、毎日、いろいろなことがあって大変だけれども、お母さん自身が誰よりも、「私はOK」（I am OK.）という自分への肯定的ストローク、つまり、プラスの自己評価を、自らに与えることにあります。

ただ、お母さん一人一人が置かれている生活環境は異なりますから、それぞれのお母さんに見合った、ストレス解消法を見つけ出していくということは、とても大切なことです。生活環境（外的な要因）だけでなく、お母さん自身の性格や考え方（内的な要因）と、どううまく向き合い、ストレスを感じにくい状況を作っていくかということも、大事なポイントになってきます。

ここでは、お母さんの子育てのストレス解消法として、私なりに、五つのポイントをあげてみましたので、参考にしてみてください。

一つは、「一人になる時間をうまく確保しよう！」ということです。多くのお母さんは、自分のことなどすべて後回しにして、髪を振り乱しながら、家族の世話や子育てに奮闘しています。そうした一生懸命さや真面目《まじめ》さは、心理学の言葉を借りるならば、お母さん自身が自分と向き合い、**「対決」**（confrontation）している状態です。自分との「対決」が長引くと、強いストレスが生じます。

反対に、心理学では、自分との対決をやめることを**「閉鎖」**（withdrawals）と呼んでいます。端的にいえば、周りから離れて、〝一人になること〟です。適度に現実と距離をとって、自分一人になることで、ストレスを上手にコントロールすることができます。ほんのわずかな時間でも結構です。一人で公園のベンチに座って周りの景色を眺めたり、わずかな時間でも好きな音楽を聴くなど、〝自分だけの時間〟を確保するのです。お母さんの生活スタイルに合わせて、ぜひ、自分一人だけの

〝幸せな時間〟を作ってください。

頑張った自分に、〝ご褒美〟をあげる

二つ目は「頑張った自分にご褒美《ほうび》をあげよう！」ということです。ポジティブ心理学でも、〝ご褒美化〟は、有効なお金の使い道の一つと考えられています。

週に一回、自分がパートでもらったお金の中からやりくりをしてフィットネスクラブに通ったり、月に一度くらいは、ささやかでも、ほしいモノを買うことも、大切なお母さん自身への「ご褒美化」です。お母さん自身が心から楽しめる目標を持つことが、ストレスの軽減につながります。

三つ目は、「ストレスを吐き出せる場を持つ」こと。誰しも不満や悩みを吐き出すと気持ちが楽になるものです。日々の生活の中で溜《た》まったストレスを、親友や気の合うママ友とお茶を飲んだり、ランチを共にしながら、思いの丈《たけ》を語ることは、一番のおすすめで、心の**「浄化」**につながります。「浄化」は**「カタルシス」**（catharsis）とも呼ばれますが、溜め込んでいるストレスを吐き出すことで、お母

さんの心だけでなく、体も軽くなります。

四つ目は、「〝助けられ上手〟なお母さんになろう！」ということです。相談⑥でも触れましたように、問題を抱えて悩んでいるときに、専門家や友人、先輩やきょうだいなど、周囲の人たちの助けを借りることを、「被援助的志向性」と呼んでいます。この志向性が高い人は、いわゆる〝甘え上手〟〝助けられ上手〟で、人間関係を作る力に優れています。

お母さんの場合でいえば、たまには祖父母にうまく甘えて援助を仰ぎながら、子育てをすることです。祖父母の力を借りられたら、お母さんの心も休まり、ストレスも減り、元気な心を取り戻すことができます。

次に紹介するのは、四十歳になるお母さんのケースです。

私は、日々、小学生の息子二人の子育てに奮闘している主婦です。子どもが学校に行っているあいだは、パートもしています。私は、元来、細かなことは気にしないタイプの人間です。そんな性格ですので、一時間ほどのところに住んでいる義理の父母ともうまくやっています。私は、義理のお母さんとお父さんに頼み込んで、勝手に〝じいじ、ばあば・ガンバッテクレテマス・デー〟と名づけて、月末の土曜日は、まる一日、二人の息子の面倒を見てもらっています。この日だけは、一人で買い物をしたり、主人と映画や食事に出かけるなど、贅沢《ぜいたく》な時間を過ごさせてもらっています。祖父母には迷惑をかけていますが、私がストレスを解消することが、子どもにも家族にもよい影響を及ぼすと考えるからです。

最近では、お母さんが家事や育児のすべてを一人で背負い込んでしまうことを、〝ワンオペ育児〟と呼んでいます。これは、コンビニなどで、深夜、従業員が一人で勤務し、過酷な労働を強《し》いられることを、〝ワン・オペレーション〟と呼ぶことから生まれた言葉です。

こうした言葉にもあるように、一人ですべてを抱え込み、お母さんがストレスを溜め込まないように、うまく周囲の援助を仰いでいくことが大切です。

〝完璧主義〟を排して、子どもと向き合おう！

そして五つ目は、「子育てに完璧を求めないこと」です。どんなに一流の職業人であっても、ミスを犯さない人などいません。どんなに有名なスポーツ選手であれ、演奏家であれ、皆、これまでに何度もミスを犯《おか》し、恥をかいて生きています。子育ても同じです。うまくいかないのが子育てです。失敗がたくさんあるのが子育てです。お母さんの思いどおりにはならないのが子育てというものです。

「頑張らないで」——と言っても、頑張るのがお母さんです。そんな思いがいっぱい詰まっているのが母親という存在ですから、ぜひ、〝頑張り過ぎない〟ということを肝に銘じて、〝休んでも、何ら悪いことではない〟、休まないでストレスを溜め込んで、

子育てのストレス解消のポイント

①一人になる時間をうまく確保しよう！
②頑張った自分にご褒美をあげよう！
③ストレスを吐き出せる場を持とう！
④〝助けられ上手〟なお母さんになろう！
⑤子育てに完璧を求めない！

子どもにつらく当たるよりも、〝休むこと〟で、子どもとのかかわりにゆとりが生まれ、子どももまた〝親思いになる〟ということを、知ってほしいと思います。

第四章

子どもの可能性を信じ抜く

相談⑯ 反抗期の子どもとの接し方を教えてください

Q

四歳になる子が反抗期で、どんなことにも反発し、困っています。どのように接していけばよいのでしょうか。

A

粘り強いかかわりで、子どもの成長を支えていきましょう。

〝基本的な信頼の感情〟を育む「口唇期」

人間が大人へと成長を遂げていく過程では、幼児期の「第一次反抗期」と、後述する思春期の「第二次反抗期」という大波を、うまく乗り越えていく必要があります。

「第一次反抗期」が訪れる前の時期、すなわち、赤ちゃんが生まれてから、一歳半頃までの乳児期は、**「口唇期《こうしんき》」**（oral stage）と呼ばれています。とりわけ、口唇期の前半に相当する生後七、八カ月頃までの時期は、授乳で育つ母子一体の期間です。この時期、子どもは、母親との強い一体感をとおして、母親に対する**「基本的な信頼の感情」**（feeling of basic trust）を獲得していきます。口唇期に、お母さんに対する〝信頼の感情〟を獲得していることが、その後の「第一次反抗期」のしつけを、効果的で実りあるものにしていきます。

赤ちゃんは、お母さんにかぎらず、誰が見ても愛《いと》おしい存在です。

余談になりますが、授業で、「こんな赤ちゃんがいたらいいな」というテーマで、学生にグループで自由に意見を出してもらい、彼らが思い描いた〝理想の赤ちゃん像〟を列挙してもらったことがあります。以下は、その〝理想の赤ちゃん像〟です。

・ほっぺが、ぷにぷにの赤ちゃん

・すぐに「お母さん」と呼んでくれる赤ちゃん
・ホワイトライオンのような赤ちゃん
・手を振ったら、手を振り返してくれる赤ちゃん
・「パパ、大好き」って言ってくれる赤ちゃん
・おしゃぶりがよく似合う赤ちゃん
・たくさんしゃべる赤ちゃん
・すぐ近寄ってくる赤ちゃん
・公共の場で泣かない赤ちゃん
・おんぶヒモがなくても、背中にくっつく赤ちゃん
・おむつを自分で替《か》えられる赤ちゃん
・放っておいても、勝手に成長する赤ちゃん

いかがですか。こうした想像力にあふれる学生の〝赤ちゃんイメージ〟から、赤ちゃんという存在が、私たちにとって、どれほど、愛おしい存在であるかがよく伝

わってきます。これだけかわいらしい赤ちゃんが、幼児となり、やがて「第一次反抗期」を迎え、なぜ親を困らせることになるのでしょうか。

一歳半頃までの口唇期の後半の時期、すなわち、離乳食の始まりの時期に、その予兆が見られるようです。離乳食が始まるということは、乳歯が揃《そろ》い始めることを意味します。それは、モノを噛《か》むことができるようになるという証《あかし》ですから、攻撃性の芽生えともいえる時期でもあるのです。

反抗期は〝自己確立期〟であり、〝自己成長期〟です

幼児期における「第一次反抗期」（生後二歳〜四歳頃）は、自我の芽生えの時期であり、意志の強さが表れてくる時期です。この時期は、言葉を覚え始める時期でもあります。言葉を使って、自分の思いや考えを表現し、大人に抵抗することができるようになりますから、**「イヤイヤ期」**などと呼ばれることがあります。

お母さんにとっては、二歳を過ぎると、お母さんの指示や言いつけに対して刃向《はむ》かい、言うことを聞かなくなる手ごわい時期ですので、**「魔の二歳児」**（terrible two）

などといわれることがあります。

そもそも「反抗期」とは、大人の立場から見たとらえ方です。つまり、子どもが大人の言うことを聞かず、逆らい、親が手に負えないことから、「反抗期」という表現を用いることで、子どもの行為を、困ったこと、悪いこととしてとらえる向きがあります。ですから、ある意味では、大人の側の身勝手な表現であるともいえますし、子どもにとっては、迷惑な話だといえるかもしれません。

これに対して、十三歳から十五歳の思春期の頃に現れる「第二次反抗期」は、自分の思い描く理想と、目の前にある家庭や社会の現実との間に、矛盾やギャップを感じることから反抗心が起きてくる時期です。ただ、子どもの成長という視点で見てみますと、反抗期にあたる時期は、「自己主張期」や「自己確立期」であるともいえます。

別の言い方をすれば、子どもから大人に移行していく上で、大事な「自己成長期」であるともいえるでしょう。成長の過渡期であるがゆえに、心の揺《ゆ》らぎや変化が起きるのです。

ですから〝うちの子は今、反抗期だな〟と思ったら、〝これは成長期の心身の変化の表れなんだ〟というくらいの大きな心で、受け止めてあげてください。そして、大人へと脱皮を試みる大きな一歩であるという認識に立って、子どもの成長を見守ってあげてほしいと思います。

粘り強いかかわりが、「自律心」や「自尊感情」を育む

幼児期において大切なことは、トイレット・トレーニングという排泄《はいせつ》のしつけや、保育園や幼稚園での集団生活をとおして、社会で生活をしていくためのルールや規則を伝えていくことです。たとえば、排泄のしつけにかぎっていえば、〝ウンチ〟は、〝おむつ〟の中でしたいときにすればよいというのではなく、我慢するべきときは我慢して、〝トイレ〟という決められた場所でするという規律や慣習を教えていく時期です。したがって、こうした幼児期の前半は、**「肛門期」**（anal stage）とも呼ばれています。

「イヤーダ、イヤッ」と口に出して反抗することもあって、対応に手を焼くことも

しばしばですが、この時期、お母さんやお父さんは、ときには、子どもがやりたいようにさせてみたりするなど、辛抱強いかかわりが求められます。そして、子どもが親の言いつけどおりにできたときには、心からの称賛と喜びを表すことで、子どもは、自分のことを自分でコントロールできる「自律心」や、「私はOK」（I am OK.）という「自尊感情」、そして、自分の気持ちや思いをうまく伝えられる「自己表現力」を身につけていきます。

子どもを育てる時間というのは、親が思っている以上に短いものです。子育てが、二度とめぐってこないかけがえのない時間であることを考えれば、子どもへの感謝の思いが芽生えてくるはずです。そのような感謝の思いに立つことで、反抗期も過度に神経質になることなく、むしろ子どもの成長を楽しみながら向き合っていけると思います。

子どもが反抗を繰り返して、手に負えなくなってきたら、ぜひ、子育ての原点に立ち返って、子どもが生まれて間もない頃のことを思い起こして、自分たちの下に生まれてきてくれたことへの感謝の気持ちを思い起こしてみてください。

〝子どもは親を選べない〟などといわれますが、果たしてそうでしょうか。かつて〝お空から　さがしてきめた　パパとママ〟（『読売新聞』二〇一四年六月三日付）との言葉を残した幼い子がいました。〝世の中には、私たちより優れた親が、数えきれないほどいる。でもその中で、この子は、私を親として選んで生まれてきてくれたのだ。あなたに育ててもらいたいと思って生まれてきたのだ〟――そう考えると、自《おの》ずとわが子への感謝の気持ちがわいてきて、反抗期もうまく乗り越えていくことができるのではないでしょうか。

相談⑰

思春期の子どもと、口げんかが絶えません！

Q

思春期を迎えた子どもと、毎日、口げんかをしてしまいます。口も達者になってきて、苦戦しています。親の立場として、思春期の子どもとどのように向き合っていけばよいのでしょうか。

A

大きな心で、反抗的態度の裏に隠された〝思い〟を、ぜひ、理解してあげてください。

「第二次反抗期」は〝自立〟への大事な時期

思春期にあたる十二〜十四、五歳の時期は、「第二次反抗期」の年齢にあたります。この時期は、文句を言ったり、議論をふっかけて親を言い負かすなど、とりわけ、言語による反抗が特徴的です。

既に、相談⑯で述べてきたように、反抗期という言葉は、あくまでも大人の立場や側から作られた言葉です。したがって、子どもの成長や発達過程から見るならば、「自己主張期」であり、「自己成長期」にほかなりません。そうした点では、子どもが精神的に自立していくために、大海原へと航海に出ようとしているのだ、というくらいの心づもりで、接してほしいと思います。

「第二次反抗期」の現れ方には、共通点が見られます。一つは、親の注意や管理に対する抵抗という形で現れることです。もう一つは、両親の意見の食い違いや、親が〝言っていること〟と、〝していること〟の矛盾を突いてくるということです。

親としては、こうした子どもの反抗期に直面して、不安になることもあるかと思います。とりわけ、「第二次反抗期」は、〝熱病にかかったライオン〟にもたとえられるように、親からすれば、手をつけられないこともあります。

しかし、反抗期を〝波〟にたとえていうと、静かな波の上を漂っているときには、船に乗っていることを意識しないものですが、大きな波が来ると、船に乗っていることを実感します。それと同じように、反抗期を迎えた子どもは、親に反抗することで、自分の存在を確認しようとしているとも考えられます。

思春期の「両面感情」を理解する

思春期の子どもと向き合う際に、ぜひ、心に留《と》めておいていただきたいこと——それは、とりわけ、この時期の子どもの反抗的な態度は、大人に対する**「アンビバレンス」**（ambivalence）という形で現れるということです。アンビバレンスは、心理学では、一般的に、**「両面感情」**や**「両価感情」**、**「両価性」**と呼ばれ、親なら親、教師なら教師に対して、正反対の感情を同時に抱いていることをいいます。

もとより、こうした感情は、幼児期の**「第一次反抗期」**の特徴でもあるのですが、とりわけ、思春期には、〝反抗と従順〟〝敵対心と罪悪感〟〝恨みと甘え〟といった、まったく正反対の感情や衝動が、子どもの心に潜んでいることが少なくありません。

反抗や恨みの感情は、ときには、怒鳴る、暴力を振るうなどの**「行動化」**（acting out）という形をとって、表面化していきます。

しかし、その一方で、反抗の裏には、〝甘えたい〟という気持ちや〝罪悪感〟〝申し訳なさ〟といった正反対の感情が、子どもの内面に潜んで隠れていることも確かです。こうした相反する一対の感情は、たとえば、父親なら父親、教師なら教師というように、同一の人物に対して向けられるところに特徴があります。

子どもの反抗的な態度の裏には、本当は親に対して〝従順でありたい〟〝甘えたい〟〝悪いことをしていて申し訳ないと思っている〟〝自分の考えを受けとめてほしい〟といった思いや感情が隠れているものです。

思春期を、新たな〝信頼関係作り〟のチャンスに

子どもが思春期にさしかかり、反抗的な態度をとるようになったときは、こうした子どもの内なる声に耳を傾け、その気持ちを理解しつつ接してもらいたいと思います。思春期の子どもの内面にあるもう一つの心の声に耳を傾け、その気持ちを理解してあげることが、子どもが大人へと成長していく過程を見守る上で大切です。

その上で、子どもにとって人生の大きな節目となるような〝ここ一番〟というと

きには、真っ向勝負で、親が自らの思いや経験を真剣に語ることで、本音で接していくことが不可欠です。以下に紹介するのは、親子の信頼を取り戻せた、あるお父さんの心からのメッセージです。

かつて、息子が高校一年生のとき、友人との深夜に及ぶ付き合いが連日のように続き、成績はおろか、生活態度まで乱れ、母親の注意に対しても反抗的態度をとるようになったので、ある日、夫婦で子どもと正面から向き合い、真剣に話をしました。

私たち夫婦が共働きであったため、子どもと向き合う時間が十分とれなかったことを、誠心誠意、詫《わ》びるとともに、親としての思いの丈《たけ》を真剣に語りました。するとその日を境に、子どもの生活態度が大きく変わり始めました。息子の問題は、夫婦の問題でもあります。このとき、私たち夫婦が、子どもの問題から逃げなかったことが、親子の信頼を取り戻せた一番の理由だと思っています。

お父さんやお母さんが、子どもの内面に潜む感情を理解し、本気で向き合い、愛情を表現していけば、反抗的な態度は影を潜め、収まっていくものです。親の真剣なかかわりが、親子の信頼の絆《きずな》を深めていきます。反抗期を迎えた子どもとのかかわりは、ピンチのように見えて、子どもとの信頼関係を築いていく上で、大きなチャンスでもあるのです。

思春期という特有の時期は、親からの感情的な注意や叱責《しっせき》だけでは、かえって火に油を注ぐようなものです。子どもの反抗的態度を助長させてしまいます。

注意や叱責は、子どもの欠点だけに目が向いてしまっている証拠です。そんなときは、子どもを別の視点から見つめ直してみて、「勉強は苦手だが、性格は優しい」「生活態度はだらしないけど、思いやりはある」というように、今まで以上に、子どもの長所に目を向ける努力が必要です。また、ときには少し子どもとのあいだに距離を置き、冷静な目で、子どもの気持ちや考えを受け入れるだけの〝心のゆとり〟を持つことも大切です。

反抗期と向き合う親の姿勢

子どもの反抗期に悩みながらも、一生懸命、向き合おうとするご両親に、あらためて、次の三点を申し上げておきたいと思います。

一つは子どもを〝信じ抜く勇気を持つこと〟です。どんなに反抗的な態度をとったとしても、「お母さんは、誰よりもあなたを信じているから」と、力強いメッセージを発して、わが子の成長過程を見守ってあげてください。

二つ目は、先ほどのお父さんのように、〝本音で子どもと向き合うこと〟です。子どもは親の欠点も冷静に見つめています。ですから、親も自分の悪いところを素直に認めた上で、一人の人間として、本音で子どもと接していくことです。

〝従順でありたい〟
〝甘えたい〟
〝自分の考えを
受けとめてほしい〟

そして、もう一つは、子どもの振る舞いや言動から、親自身が〝大切な何かを学びとっていくこと〟です。子どもは子どもなりに、自分の悩みや欠点と格闘しながら、懸命に生きています。親は、そうした子どもの姿から、人間としての学びを深めてほしいと思います。子どもからの〝学び〟の中にこそ、親としての〝成長の証《あかし》〟があるのですから——。

相談⑱

音楽に没頭する息子の将来が心配です

Q

高校生の息子は音楽が大好きで、家にいても、歌ったり好きな曲を聴いたりするばかりで全然勉強しません。このままでは将来がとても不安です。

A

〝可能性を信じ抜く〟力強い「楽観主義」で、子どもと向き合いましょう。

結論を急がず、必要以上の心配は避ける

親はどうしても、「子どもはこうあるべきだ」といった理想を追求しがちです。

ですから、親の理想から外れるような問題が起こると、「ああ、うちの子はもうダメだ」というように、否定的で、将来に対する性急な結論を出してしまいがちです。

このお母さんのご質問の場合、息子さんは音楽が大好きのようですが、仮に、息子さんがバンド活動に夢中になっていたとしても、将来、その道に進むとはかぎりませんし、そうした音楽活動の道に進んだ場合の厳しさを十分認識した上で、やりたいことに没頭しているのかもしれません。

ですから、目の前の子どもの言動だけを見て、性急な結論を出したり、必要以上の心配をすることは避けたいものです。親が子どもの将来に対して、ネガティブな見方や考え方をすることは、**「悲観主義」**（pessimism）に通じます。

「悲観主義」の本質は、現実にはまだ起こってもいない出来事を、自分なりに先取りをして、〝将来、必ず不幸な出来事が起こる〟という考えを持つところにあります。今、起こってもいないことを、あたかも起こっているかのように性急な判断を下すことで、子どもの将来を否定的に見てしまうことだけは、避けたいものです。

日本の子どもたちは、アジアのほかの国々や地域の子どもたちと比べると、恵まれた生活環境にあります。〝バンドで生計を立てたい〟という思春期の子どもたちの思いや夢は、ある意味で、恵まれた環境に置かれていることの証《あかし》であるともいえます。

たとえば、二〇〇八年に、創価大学「二十一世紀子ども研究プロジェクト」が、九カ国・地域の小学生約八千七百人を対象におこなった国際比較調査で、〝将来、どんな職業に就きたいか〟をたずねたところ、中国・新疆《しんきょう》ウイグル自治区やネパールの子どもたちは、第一位が共に、医師や看護師などの「医療関係の仕事」（新疆二九%、ネパール四一%）で、第二位が「警官」（新疆一八%）と「先生」（ネパール一五%）、第四位が共に「芸能・芸術」（新疆八%、ネパール六%）という結果でした（「九カ国の小学生にみる社会的スキル（人間関係スキル）」）。

これに対して、物質的、経済的に恵まれた環境に

ある日本の小学生では、第一位が「スポーツ」(二四%)、第二位が「芸能・芸術」(一一%)で、第三位と四位が、それぞれ「先生」(八%)と「医療」(五%)という結果でした。

こうしたある意味で、日本と他の国との真逆の調査結果は、小学生を対象にしたものではありますが、子どもの将来の職業や夢が、現在、置かれている生活環境と深くかかわっているという点で、興味深いものがあります。

次に紹介するのは、五十代のあるお母さんの言葉です。

私の息子は、高校、大学の七年間、野球漬けの毎日でした。しかし、大学を卒業するまで、一度としてレギュラーにはなれず、補欠生活の日々でした。それでも息子は、よほど野球が好きだったのでしょう。七年間、嬉々《きき》として練習に取り組んでいました。私は、そんな息子を陰ながら応援してきました。ただ元気だけが取柄《とりえ》の息子でしたが、大学卒業後、住宅メーカーの営業マンとして働き始めました。

就職後、息子は、一年で百冊近い住宅関連の専門書を読破し、三年後には、二百五十人の社員の中で、トップの営業成績を残し、現在では、周りから誰よりも信頼される社員として頑張っています。

相談内容のように、子どもが音楽好きで、家でも、歌ったり曲を聴いたりするということは、興味や関心を持てるものや夢中になれるものがあるという点では、文句なしに素晴らしいことです。そうした意味では、この事例のように、打ち込むものこそ違いますが、子どもが熱中できることを見守っていけば、〝急がば回れ〟で、必ず、子どもの持ち味や個性が生かされる日が来ることを信じて、励ましのエールを送ってあげてほしいと思います。

強い意志に支えられた「現実的楽観主義」で

親が子どもの成長を見守っていく上で大切なことは、少し遠くを見つめる心のゆとりを持つということです。目の前の子どもの問題を、近視眼的に見過ぎると、お母さん自身の〝心〟も疲れてしまいます。

親は、自分の子どもを、常に目の当《ま》たりにしていますので、どうしても、わが子の欠点をクローズアップで見てしまいがちです。しかし、二十年後、三十年後に振り返ってみたときには、「あのときは、本当にどうなることかと思ったけれど……」というように、かつての悩みや子育て時代の苦労が、笑い話やよき思い出に転じていくものです。

フランスの哲学者**アラン**は、「良い結婚はあるけれども理想の結婚はない」と言っています（『幸福論』）。この〝結婚〟という言葉を〝家庭〟に置き換えてみますと、〝良い家庭はあるけれども、理想の家庭はない〟ということになります。つまり、何の問題もない、理想の家庭など、どこを探しても見当たらないということです。家庭があるかぎり問題はつきものです。

アランはこうも言っています（同書）。

「『悲観主義』は気分によるものであり、『楽観主義』は意志によるものである」

目の前の出来事だけに目を奪われていては、心は悲観主義に支配され、ネガティブな思考から抜け出せなくなってしまいます。

たとえ現実がどんなに厳しいものであったとしても、現実から逃避することのない力強い**「現実的楽観主義」**で、子どもの将来の成長の可能性を信じる意志と勇気をたずさえて、子どもと共に成長していってほしいと思います。

相談⑲

ゲームやパソコン依存症を改めさせたい！

Q

子どもがゲームやパソコンに熱中していて、依存症にならないか見ていて心配です。親としてどう注意していけばよいでしょうか。

A

子どもと向き合い、家庭内でのルール作りに取り組んでみましょう。

まずは親自身の行動を自己点検することから

最近は、ゲームやパソコン、スマホといったものが、子どもたちにとって、とても身近なものとなりました。二十一世紀に入って、ＳＮＳが急速に普及し、発展する中で、子どもがこうした機器に触れる機会は、今後もさらに増えていくことでしょう。

ただ、SNSへの依存の度合いが、子どもが小さい頃から過度になってしまうことには、気をつけていく必要がありそうです。近頃では、母親が押すベビーカーの中で、巧みにスマホを操る幼児を見かけることがあります。また、本来は、子どもたちが一緒になって遊びにふけるはずの公園で、四、五人の小学生がベンチに腰かけ、ひたすらスマホを操作している姿に出くわすこともあります。こうした光景は、明らかに現代の大人社会を反映しています。

子どもは大人の行動を目にして、大人と同じ行動や態度をとるものです。こうした他者の行為を〝まねる〟ことを、心理学では**「モデリング（模倣《もほう》学習）」**（modeling）と呼んでいます。**バンデューラ**（Bandura）という心理学者は、部屋で〝人形を叩《たた》く〟などの攻撃性をあらわにした子の様子を観察した別の子どもは、その後、同じように、人形のある部屋に入れると、先ほどの子どもと同じように、人形に対して攻撃的な行動をとったという実験結果をとおして、攻撃行動は模倣されることを明らかにしました（『モデリングの心理学』）。

こうした実験結果が教えてくれているように、子どもは、周囲の行動をまねて大人になっていきます。とりわけ、日頃の親の行動や振る舞いをまねて成長する存在であると言っても過言ではありません。ですから、もしもお父さんやお母さんが、スマホ依存症候群に陥り、ゲームやインターネット漬けの毎日であるとすれば、まずは、そうした自らの行動を反省し、自己点検をしてみることから始めるべきだと思います。少なくとも、世のお父さんたちが〝ゲームに浸《ひた》る〟という習慣を絶つだけでも、子どもに対して、よい影響を及ぼすことは間違いありません。

自発的、生産的に熱中できることを大切にする

何か好きなことに熱中していると、時間があっという間に過ぎ去っていくことは、私たち大人も経験済みです。熱中すること自体は、決して悪いことではありません。最近のポジティブ心理学では、**チクセントミハイ**（Csikszentmihalyi）の研究に代表されるような、**「フロー理論」**に関する研究が注目されつつあります。**「フロー」**

(flow)とは、〝流れるように動く〟〝よどみなく続く〟〝ほとばしる〟といった意味を持つ言葉です。仕事や研究、運動、楽器の演奏や趣味に打ち込んでいるときのように、時間を忘れて夢中になり、没頭している状態のときは、私たちの幸福感も高まると考えられています。

「フロー」状態は、**「エンゲージメント」**(engagement)とも呼ばれています。私たちが目標に向かって集中し、活動に没頭しているときは、自分が強くなったように感じることがあります。その意味では、子どもが何かに集中しているときこそ、そこに才能の芽があると見ることができます。ただ、知的な興味を持って熱中することと、ゲームなどへの依存は、いずれも時間を忘れて夢中になるという点では共通しているように見えますが、双方の決定的な違いは、生産的で創造的であるかどうかという点にあると思います。

また、受身的か自発的かという観点もあるでしょう。何かに熱中していたとしても、それが一部のゲームのように、既存のゲームソフトへただ反応するだけといった受身的な行為である場合には、終わったあとには、虚《むな》しさや疲れだけが残る場合が多いのではないでしょうか。

一方で、自発的に興味や関心を持って何かに熱中している場合には、充実感や達成感をともない、結果として得るものが多いと考えられます。子どもが興味を持って何かについて調べたり、あるいは上手になりたいと無我夢中で練習をするというように、自発的で生産的な行為に対しては、ぜひ、励ましのエールを送ってあげてほしいと思います。

子どもと向き合い、家庭でのルール作りを

子どもがゲームやパソコンなどに熱中し過ぎるあまり、依存症になりはしないかと心配な場合には、お父さんにも協力してもらって、親が子どもと向き合い、よく話し合って、家庭内でのルール作りをすることです。

たとえば、二人の中学生の息子を持つあるお母さんは、家で、子どもがスマホのアプリを使ってゲームに夢中になっている姿を見るのが嫌で、お父さんとも相談して、お父さんが家ではゲームをしないことと引き換えに、子どもたちと話し合って、

次のようなルール作りをしました。

①帰宅したら、宿題を先に済ませる
②家でゲームをする時間は、一日三十分までとする
③LINE《ライン》を使って、友だちの悪口は言わない
④夜、十一時には床に就く
⑤ルールを守れないときは、親がスマホを預かる

家庭でのルール作りは、親の考えを一方的に押しつけるのではなく、子どもの思いや意見によく耳を傾け、親も自粛するべきところは自粛し、子どもたちが納得のいくルール作りをしていくことが大切です。ルールを守れなかった場合でも、「なぜ守れなかったのか」「どうしたら守れるルールを作れるのか」を根気強く、話し合っていくことです。

親子で話し合ってルール作りをしていくことは、子どもの欲求に歯止めをかけ、

自己抑制力や自律心、セルフ・コントロールの力を育《はぐく》むことにつながります。ルール作りは、何よりも親子の信頼関係があってこそ可能になります。また、子どもからの信頼を得る中で、子どもが幼い時期から、ルールを守るような環境作りをしていくことが望まれます。

相談⑳

注意しても変わらない子は、どうすればいいですか？

Q

子どもに立派になってほしいと思うあまり、つい子どもに対して注意することが増えてしまいます。何度注意しても、なかなかわかってくれません。

A

子どもの可能性を信じて、自信を持って向き合ってください。

親はよかれと思っていても

家庭教育とは何かということを、今一度考え直してみますと、それは、親が子どもを信じて、子どもの自立を援助していくということに尽きると思います。

明治、大正、昭和の三つの時代を生き抜いた稀有《けう》の教育者、**牧口常三郎**は、子どもを教育する立場にある教師の留意すべき点について、次のような言葉を残しています。それは、「善の感化をなさざることを憂《うれ》うるよりは、人の子を賊《そこな》うことを恐れるのを忘れぬ様にしなければならぬ」（『創価教育学体系Ⅲ』）という言葉です。

〝善の感化〟とは、教師の自負心のあまり、子どもによい影響を与えようとして、意図的に振る舞うことです。〝人の子を賊う〟とは、子どもの成長の可能性の芽を奪い取ることです。この言葉は、教師が子どもによい影響を与えられないことを嘆き、憂えるよりは、誤った接し方や行き過ぎたかかわりで、子どもが秘めている無限の成長の芽を摘み取ってしまってはならない、との警鐘を鳴らしているのです。

私はこの言葉を、教職を目指す学生に対してよく紹介するのですが、この言葉は教師だけでなく、そのまま親にも当てはまります。私自身も一人の親として反省することがありますが、親は、自分の立場や権威を誇示しようとするあまり、つい上から目線で、感情的になって、親の願望や思いを、子どもに一方的に押しつけてしまうことがあります。

しかし、子どもの気持ちや思いを無視し、一方的な指示や命令口調でかかわることは、かえって子どもの意欲ややる気を損ない、反感を買うことになりかねません。親がよかれと思ってしていることでも、子どもにとっては、大きな負担になっている場合があるからです。

避けるべき三つの態度

植物も、水や肥料をやり過ぎると、うまく育ちません。子育ても植物を育てるのと同じです。家庭にあって、親が留意すべき点が三つあります。それは「過保護」「過干渉」「無視」の三つのかかわり方です。

過保護や過干渉は、植物にたとえれば、肥料をやり過ぎるのと同じで、決して望ましいかかわりとはいえません。子どものあいだに適度な距離を保ちつつ、愛情豊かなかかわりが大切です。教育者であり、作家でもあった**下村湖人《こじん》**は、子育てを親子での〝山登り〟にたとえて、きわめて興味深い指摘をおこなっています（『青年の思索のために』）。

下村湖人によれば、親子での山登りの方法の一つに、親が子どもを背中におんぶして登るやり方があると述べています。この方法は、子どものことが心配のあまり、子どもをかばい、大事にし過ぎる「過保護型」の養育態度に相当します。子どもを極端にかばい、大事にし過ぎると、子どもの自立心を育《はぐく》む妨げになります。

二つ目の山登りの方法は、親が子どもに詳しく道を教え、子どもにしっかりと覚え込ませてから登らせるというやり方です。これは、親がすべてのことに口出しをしないと気がすまない「過干渉型」の養育態度に相当するといえるでしょう。親が何かにつけ、うるさく言い過ぎると、かえって子どもの反発を招くことになります。

過保護や過干渉に象徴されるように、親は子どもが幾つになっても、つい口出しをしたくなることがあります。そんなときには、少し我慢をして、子どもとちょっと距離を置いて、子どもを側面から温かく見守り、支えていこうとする姿勢が大事です。道端《みちばた》で子どもが転んだとしても、自分の力で立ち上がるのを待つようなかかわり方が求められます。

下村湖人は、「無視型」については、特に言及しているわけではありませんが、この養育態度は、極端な場合には、子どもの世話を怠《おこた》り、放棄するという**「ネグレクト」**（neglect）につながります。「無視」は、〝親は自分のことを愛してくれていない〟〝大切だと思っていない〟という感情を子どもに与えることになりますので、最も望ましくないかかわりであることは、いうまでもありません。子どもが親の愛情を欲しているのに、無視をしてしまうことは、植物に水を与えないのと同じです。

最後に、下村湖人は、親子での山登りにたとえて、親が子どもと一緒に、登山道を研究しながら登ることの大切さに言及しています。親子で〝一緒に考えながら登る〟という姿勢は、「理想型」の養育態度であるといっていいでしょう。

仏教では、人との望ましい接し方について、「布施」「愛語」「利行」「同事」の四つのかかわりに言及しています。これらは、**「四摂法《ししょうほう》」**と呼ばれます。「布施」とは子どもの不安を取り除くことです。「愛語」とは、子どもに思いやりのある言葉で接すること。「利行」とは、子どもの立場に立って行動することです。とりわけ、〝相手（子ども）と一緒になっておこなう〟という「同事」の視点は、教育におけるかかわりの基本であり、下村湖人の考え方にも通じると考えられます。〝子どもと一緒に考え、行動する〟〝子どもも学び、親も学ぶ〟という姿勢が「同事」にほかなりません（『健康と人生』）。

牧口常三郎もまた、無限の可能性を秘めている子どもたちの存在を、仏教の言葉にたとえて、〝如意宝珠《にょいほうじゅ》〟と呼んでいます。つまり、子どもには、どの子にも宝の珠《たま》がいっぱい詰まっているというのです。お父さんやお母さんは、子どもの無限の可能性を最大限に引き出す、よき補助者であり、誘導者であり、産婆役であってほしいと思います。

そのためには、子どもの無限の可能性を誰よりも信じ抜いていくことです。「子どもを信じ抜く心」が根底にあれば、子どもは間違いなく、大きな成長を遂げることができます。

とりわけ、お母さんの心の奥には、本来、子どもの可能性を信じ、子どもの成長を見守る温かさ、そして、誰よりも子どもを幸せにできる力強い生命力がそなわっています。ぜひ、お母さんには、お母さんだけにそなわった〝母親力〟を確信して、未来を担う子どもたちのために、颯爽《さっそう》と走り続けてほしいと思います。

【引用・参考文献一覧】 ※著編者名の50音順

・『朝日新聞』「声」 一九九五年十月三十日付
・アラン（神谷幹夫訳）『幸福論』 一九九八年 岩波文庫
・NHK「幸福学」白熱教室制作班、エリザベス・ダン、ロバート・ビスワス＝ディーナー『幸せについて知っておきたい五つのこと』 二〇一四年 KADOKAWA／中経出版
・小此木啓吾『こころの痛み――どう耐えるか』 二〇〇〇年 NHK出版
・小此木啓吾「父親になれぬ心理」『子どもと父親・母親』 一九七六年 金子書房
・ギノット・H（久富節子訳）『先生と生徒の人間関係』 一九八三年 サイマル出版会
・グッドマン・D（帆足喜代子訳）『グッドマン博士の家庭教育の本』 一九七一年 日本文化科学社
・熊谷高幸『自閉症と感覚過敏――特有な世界はなぜ生まれ、どう支援すべきか?』 二〇一七年 新曜社
・楜澤令子「幼児の乳児に対する養護性 nurturance とその測定に関する研究――先行研究と今後の方向性」『発達研究』第二十四巻 二〇一〇年 (財)発達科学研究教育センター
・下村湖人『青年の思索のために』 一九五五年 新潮文庫
・杉田峰康著、TAネットワーク編『交流分析の基礎知識――TA用語100』 一九九六年

チーム医療
・創価大学・鈎治雄研究室　「日本・韓国・イギリスの成人にみる性役割意識」『教育アンケート調査年鑑・下・二〇〇三』　創育社
・創価大学二十一世紀子ども研究プロジェクト（代表鈎治雄、岡松龍一）「九カ国の小学生にみる社会的スキル（人間関係スキル）」『教育アンケート調査年鑑・上・二〇〇八』創育社
・高木四郎『児童精神医学各論──児童相談の諸問題』　一九六四年　慶應通信
・チクセントミハイ・M（大森弘監訳）『フロー体験入門』　二〇一〇年　世界思想社
・中村和子、杉田峰康『わかりやすい交流分析』　一九八四年　チーム医療
・野村総合研究所　「生活者一万人アンケート」　一九九七年、二〇〇六年
・バンデューラ・A（原野広太郎・福島脩美共訳）『モデリングの心理学：観察学習の理論と方法』　一九七五年　金子書房
・プラトン（藤沢令夫訳）『メノン』　一九九四年　岩波文庫
・鈎治雄『人づきあいが楽しくなる心理学』　二〇一六年　第三文明社
・鈎治雄「子どもの緊張や不安を和らげる関わり」『灯台』二〇一五年五月号　第三文明社
・鈎治雄「小学校に入学する前に家庭で身に付けたい習慣」『聖教新聞』二〇一五年一月十一日付
・鈎治雄『楽観主義は元気の秘訣』　二〇一三年　第三文明社

・鈎治雄　「人と触れ合い、助け合い、信頼し合うことが、人生を創る」『パンプキン』
二〇一二年六月号　潮出版社
・鈎治雄　『お母さんにエール！　楽観主義の子育て』　二〇一〇年　第三文明社
・鈎治雄　「インタビュー・人間関係力を上げるには、『励ます』ことが大切です」『パンプキン』
二〇〇八年四月号　潮出版社
・鈎治雄監修　「子育ての基本Q＆A　Part 3 中学生編」『灯台』二〇〇八年九月号　第三文明社
・鈎治雄　『楽観主義は自分を変える――長所を伸ばす心理学』　二〇〇六年　第三文明社
・鈎治雄　「ストレスに立ち向かう楽観主義の生き方」『第三文明』二〇〇六年四月号　第三文明社
・鈎治雄　「反抗期は親自身の生き方が問われる時」『灯台』二〇〇六年二月号　第三文明社
・鈎治雄　『教育環境としての教師』　一九九七年　北大路書房
・鈎治雄　『親と子の心のふれあい』　一九九六年　第三文明社
・牧口常三郎　『創価教育学体系Ⅲ』　一九七九年　聖教文庫
・山口勝己、鈎治雄、久野晶子、高橋早苗、李和貞編著　『子どもと大人のための臨床心理学』
二〇一二年　北大路書房
・ラウン・B（小泉直子訳）『治せる医師・治せない医師』　一九九八年　築地書館
・リン・D・B　『父親――その役割と子どもの発達』　一九八一年　北大路書房
・ルネ・シマー、ギー・ブルジョ、池田大作　『健康と人生――生老病死を語る』　二〇〇〇年

潮出版社

・ローナ・ウィング（久保紘章、佐々木正美、清水康夫監訳）『自閉症スペクトル――親と専門家のためのガイドブック』　一九九八年　東京書籍

・『読売新聞』「編集手帳」　二〇一四年六月三日付

・Dhirubhai Patel, *Charlie Chaplin: Life is a tragedy when seen in close-up but a comedy in long-shot.*, 2017, Independently published.

・Hurlock, E.B., An Evaluation of Certain Incentives Used in School Work. in *Journal of Educational Psychology.*, vol. 16(3), 1925, American Psychological Association.

ゆ

よ

ら

り

れ

ろ

わ

つ

て

と

ね

は

ひ

ふ

へ

ま

め

も

や

さくいん

著者略歴

鈎 治雄（まがり・はるお）

1951年、大阪生まれ。大阪教育大学大学院修了。創価大学教育学部教授・大学院文学研究科教授。専門は心理学、教育心理学。単著に『楽観主義は自分を変える』（第三文明社）、『教育環境としての教師』（北大路書房）など。共著・共編著に『子どもと大人のための臨床心理学』（北大路書房）、『子どもの育成と社会』（八千代出版）、『はじめて学ぶ教育心理学』（ミネルヴァ書房）などがある。

子《こ》育《そだ》て《》が楽《たの》しくなる心理学《しんりがく》 Q&A《キューアンドエー》

2018年4月2日　初版第1刷発行
2020年1月2日　初版第2刷発行

著　者　鉤《まがり》 治雄《はるお》
発行者　大島光明
発行所　株式会社　第三文明社
東京都新宿区新宿1-23-5
郵便番号　160-0022
電話番号　03(5269)7144（営業代表）
03(5269)7145（注文専用）
03(5269)7154（編集代表）
振替口座　00150-3-117823
URL　https://www.daisanbunmei.co.jp/
印刷・製本　壮光舎印刷株式会社

ISBN 978-4-476-03371-7